小学数学高效课堂新方法

胡波 ◎ 著

西南交通大学出版社
·成都·

图书在版编目（CIP）数据

小学数学高效课堂新方法 / 胡波著. —成都：西南交通大学出版社，2021.12
ISBN 978-7-5643-8505-7

Ⅰ. ①小… Ⅱ. ①胡… Ⅲ. ①小学数学课－课堂教学－教学研究 Ⅳ. ①G623.502

中国版本图书馆 CIP 数据核字（2021）第 265642 号

Xiaoxue Shuxue Gaoxiao Ketang Xinfangfa
小学数学高效课堂新方法

胡　波　著

责 任 编 辑	张宝华
封 面 设 计	原谋书装
出 版 发 行	西南交通大学出版社 （四川省成都市金牛区二环路北一段 111 号 西南交通大学创新大厦 21 楼）
发行部电话	028-87600564　028-87600533
邮 政 编 码	610031
网　　　　址	http://www.xnjdcbs.com
印　　　　刷	成都勤德印务有限公司
成 品 尺 寸	170 mm×230 mm
印　　　　张	14.25
字　　　　数	217 千
版　　　　次	2021 年 12 月第 1 版
印　　　　次	2021 年 12 月第 1 次
书　　　　号	ISBN 978-7-5643-8505-7
定　　　　价	60.00 元

图书如有印装质量问题　本社负责退换
版权所有　盗版必究　举报电话：028-87600562

前 言

人的一生有限，课堂教学艺术无限. 在有限的时间里，不断探究课堂教学艺术，利用有限的 40 分钟，使每一位学生学有所得，为终身学习奠定基础，是所有教师的梦想.

李嘉诚说过，人第一要有志，第二要有识，第三要有恒. 一个人的一生是十分短暂的，一个人的价值不在于他拥有什么，而在于他做了什么，付出了什么. 在追求人生成就的过程中，学习李嘉诚"建立自我，追求无我"的精神，永远坚持不松懈，努力追求更高水平，以创作不平凡的自我，实现人生的价值与目标，进而赢得魅力人生. 人生最重要的，不在于知，而在于行，知是为行做准备的. 在每个人的生命发展过程中，其发展过程都是独特而又丰富多彩的. 人的一生不能够重复，那么在不可重复的人生的每一个阶段，必须要为自我做一份详尽的职业规划，并按照规划好的人生方向前行.

课堂教学是学生获得知识和技能，提高能力，掌握学习方法，形成价值观的重要途径. 因此，教师需借助新媒体新技术和一定的教学策略与教学艺术，将教学目标有目的、有计划地进行落实，而此过程主要通过师生对话与交流等双边互动来实现和完成.

有效的课堂,可引导学生在质疑、探究中获取新知,并让学生在教师的指导下主动地富有个性地进行学习.课堂上,教师要尊重学生的人格,关注学生的个体差异,满足不同学生的个体需求,创设能培养学生掌握和运用知识的态度和能力的氛围,以使每个学生都能得到充分的发展.而师生的态度、情感、兴趣、需要、价值观,以及生活经验和行为规范等,可通过现代化的教学手段实现即时互动,进而形成师生共同进步的新型教学关系,构建和谐、民主、平等、融洽的课堂氛围.

本书将笔者 27 年来的小学数学课堂实践、探索的研究成果,归纳为"课堂新理念""课堂新方法"和"课题研究"三大部分,并以专著的方式出版,以供广大同行赐教与参考.

鉴于本人水平有限,书中或者观点肤浅、或者表述不清,不可避免地存在各种疏漏和不妥之处,恳请广大读者批评指正.

作　者
2021 年 8 月

目 录

第一部分 课堂新理念

如何落实数学课堂教学中的教育公平 …………………… 2

在小学数学教学中如何有效渗透法制教育 ……………… 6

如何实现小学数学课堂公平 ……………………………… 10

如何构建高效、民主课堂 ………………………………… 15

运用分数的意义培养学生的数学创新思维能力 ………… 19

$\frac{1}{2}-\frac{1}{3}=\frac{1}{6}$ 的联想 …………………………………………… 21

小学数学微课"四段式"教学模式探究 ………………… 23

如何进行有效的课堂质疑提问 …………………………… 26

浅谈随班就读学生的管理策略 …………………………… 29

浅谈小学数学教学与信息技术的深度融合 ……………… 33

如何让枯燥的数学课堂变得有趣 ………………………… 39

互联网+时代小学数学微课教育对策 …………………… 44

浅议小学数学课堂的有效性 ……………………………… 48

第二部分　课堂新方法

"正方体涂色问题"教学设计 …………………………… 52
"鸽巢问题"教学设计 …………………………………… 57
"分数的基本性质"教学设计 …………………………… 70
"条形统计图"教学设计 ………………………………… 74
"植树问题（两端都栽）"教学设计 …………………… 80
"口算两位数加两位数"教学设计 ……………………… 86
"解决问题"教学设计 …………………………………… 91
"24时计时法"教学设计 ………………………………… 97
"搭配 2"教学设计 ……………………………………… 102
"三位数乘两位数"教学设计 …………………………… 108
"平行与垂直"教学设计 ………………………………… 113
"鸡兔同笼"教学设计 …………………………………… 119
"三角形边的关系"教学设计 …………………………… 124
"小数乘小数"教学设计 ………………………………… 129
"平行四边形的面积"教学设计 ………………………… 135
"3的倍数的特征"教学设计 …………………………… 141

第三部分　课题研究

"智慧校园创建下的三段六步式高效课堂实践与研究"
　　结题报告 …………………………………………… 147
"小学数学课堂有效质疑提问的策略与实践研究"
　　结题报告 …………………………………………… 202
"推进课堂教学公平实验研究"研究报告 …………… 215

第一部分 课堂新理念

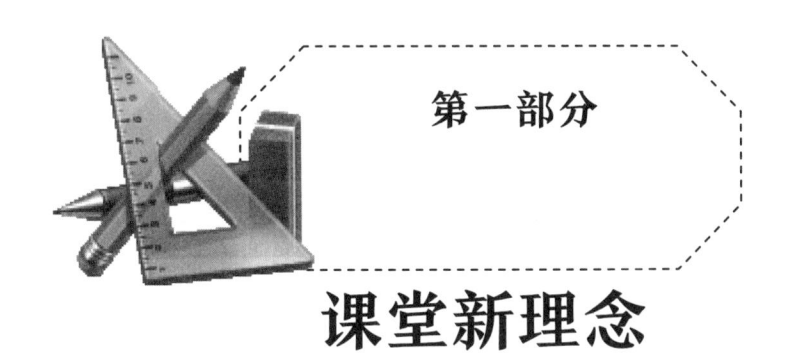

21世纪是信息技术高速发展的时代．信息技术与数学课堂教学方法的融合，能更好地体现以学生自主发展为主的教育新理念，使教学进一步"面向学生，面向生活，面向社会"．小学生年龄小，注意力不稳定、不能持久，他们的思维以具体形象思维为主要形式，而数学概念往往比较抽象，传统的教学模式不能直观地呈现概念的形成和发展过程．鉴于此，信息技术在小学数学教学过程中的应用，形成了多媒体环境下小学数学概念教学的新模式，这为教师提供了丰富的教学资源，也给探索中的教师提出了新的课题．

如何落实数学课堂教学中的教育公平

教育公平的思想是伟大的思想家和教育家卢梭提出的，即："人生而平等，人人应有接受平等和自由的教育的机会."我国在中长期教育改革和发展规划纲要中明确提出了要着重解决教育公平问题. 作为教育基层的小学数学教师，应该关注课堂教学中的教育公平，努力实现课堂教学中的教育公平. 下面我将结合自己的教学情况谈谈如何在课堂教学中实现教育公平.

一、客观评价，从容面对

教师应具有批判性思维的能力，要善于从事物的现象中把握事物的本质，抓住问题的关键. 教育是培养人的活动，以人为本应该落实到实际的教育教学活动中，教师和学生是平等的. 课堂是教学的主阵地，也是师生成长的场所. 基于这样的认识，我想教师应学会为学生减压和减负，用一颗平常心对待自己的教育教学工作，用一颗包容心对待学生. 为此，教师应当从以下几方面努力：

1. 评价公平，不断激励. 教师对学生的评价首先应做到客观、公平、公正，对学生的表扬与奖励也应注意公平、公正. 课堂教育教学观念指导着教师的课堂行为，是教师课堂行为的思想反映，因此，要建立公平的课堂教学，就必须改变教师原有的课堂教学观念. 传统的课堂教学之所以存在诸多不公平现象，其原因在于教师所持有的课堂教育教学观念上的偏失，主要表现为教师的课堂教育教学指导思想中所具有的应试教育、精英教育和社会价值本位的教育指导思想.

2. 有效教学，针对性指导. 有效的课堂教学应当追求预设与生成的和谐统一．再完美的教学设计，课堂上也不能一成不变，要根据学生的学习情况和环境因素加以调节改进，并对学生进行针对性地指导．社会上的各种不公等因素会直接或间接地影响课堂的教学环境，学生也会因家庭背景的优越或个人以往表现受到教师的特殊对待．然而，教师应该让学生们知道，作为教师本人，他（她）对任何一个学生是没有偏见的．对于每一位学生而言，只要通过自身的不断努力，人人都可以品尝到成功的喜悦．

3. 经常反思，提升教学水平．课后反思，是一个教师教学水平不断提升的过程．在教学中，我们应当不断地在课后进行反思，不断质疑，不断深化拓展，不断提出有效的新教学设计，从而不断提升自己的教学水平，更好地在课堂教学中实现教学公平．

二、面向全体，因材施教

《数学课程标准》指出：人人学有价值的数学、人人获得必需的数学、不同的人在数学上得到不同的发展．数学课标中的这三点很好地指出了新课程改革在数学学科教育公平上的方向和目标．在实际的课堂教学中，教师应从以下几方面努力：

1. 充分了解每一位学生，预设尽量充分，给每一位学生创设均等的教育机会．

2. 利用多种教学方法和手段，关注不同层次的学生的不同需要，调动学生的学习积极性，尽量使全体学生都主动地投入到教育教学活动中来．

3. 教学各环节要精心设计且兼顾不同学生的需要，力争关注所有学生的发展，确保关键环节上要关注每个学生的掌握情况和理解水平．

4. 相信学生，学会等待．在启而不发时教师要等一等，在学生思而不解时教师要等一等，在学生发言有障碍时教师要等一等……等待是课堂教学有深度的表现，也是课堂教育公平的体现，更是教师自身修养的表现．

5. 平等对待每位学生. 协调师生关系，平等对待每位学生，使他们都能感受到教师的关爱. 教师在课堂上不仅要给学生表达学习思想的机会，还要从其他各方面来培养学生与教师平等交流的能力.

6. 既要保底，又要拓展. 要因材施教，关注不同层次的学生. 对于学习能力不强的学生，需要保底教育；而对于学有余力的学生，需要拓展深化知识内容.

三、关注细节，全纳教育

有人说：教师是人类灵魂的工程师. 这是赞词，同时也是一种神圣的责任. 作为教师，应朝着这个神圣目标努力. 为此，在课堂教学中有一些细节还是必须要注意的.

1. 保持微笑，加强巡视. 在课堂教学中，教师要注意保持微笑，要注意加强在学生中间来回巡视，以便让学生感受到教师的友善，同时也让学生感受到教师就在自己身边. 当教师走进教室后，端庄、挺拔、向上、有朝气的站姿对所有学生的学习心理会产生积极向上的影响；面对学生时，教师的坐姿是否端正、优雅、稳当，直接影响到学生的学习心理状态，而自然、大方、协调的行走姿态则给学生以美的熏陶. 另外，教师的穿着不能过于暴露，要整洁、大方、得体，打扮也不能随心所欲地紧跟时代潮流，要以合适、淡雅为宜. 这样的教师，学生会在心理上给予他（她）更多的认同，而学生也会有一种受到重视而得以平等相待的感觉.

2. 言必信，行必果. 教师在课堂教学中要用自己的行为来实现自己的诺言，教师的任何一个承诺都要兑现，以使学生感受到教师是一个守诚信的人.

3. 关注后进生. 对于后进生，教师要适时适度地对他们进行针对性地指导，以创设民主和谐的课堂氛围.

师生关系对于学习环境的形成会产生重要影响. 教师是学生学习的组织者、引导者，教师应当尊重每一位学生，同时也要承认并理解学生之间的个体差异，要从每位学生的实际情况出发提供给他们合适的教学方法，从而使全体学生在最大程度上得到发展．

4. 评价恰当，引导有方．当学有困难的学生取得一点进步时，教师应大力表扬；而当优秀学生在学习中有问题时，教师也应及时地指出，不能轻描淡写、一笔带过，这样才能使每一位学生都能感受到教师的关爱．

教育公平是教育教学的永恒理念，是学校教育的方向与目标．教育公平掌握在每位教师的手中，教师要从细节做起、尽最大努力实现课堂教学中的教育公平．作为教师，唯有克服自我意识中和行为表现上所体现的偏见和不公平现象，时刻提醒自己教育是面向全体学生的，并随时对自己不公平的教学行为做出适当的调整和整改，才能在教育教学过程中无限地接近公平．

在小学数学教学中如何有效渗透法制教育

新课程标准的培养目标体现了时代要求,要使学生具有爱国主义、集体主义精神,热爱社会主义,继承和发扬中华民族的优秀传统;具有社会主义民主法制意识,遵守国家法律和社会公德,进而逐步形成正确的世界观、人生观、价值观.因此,在小学数学教育教学活动中,要特别关注学生道德和人格的全面、和谐、均衡发展.要加强法制、道德教育,做到"整体育人",使学生的综合素质和自我保护意识得到全面提高.这也是继续推进"生命教育",培养具有健康体魄、珍爱生命、敬畏生命的优秀人才的重要组成部分.

如何在小学数学教学中进行有效的法制教育渗透呢?首先应充分遵循数学学科教学的规律,根据数学学科的特点挖掘教材、教法中涉及法制教育的因素.同时还要注意研究法制教育的渗透方法,使教学与法制教育两者处在一个统一体中.也只有这样才能使学科教学中的法制教育收到实效.其次,关于有效的法制教育资源,在教学设计时,就应将其作为课堂教学目标的重要组成部分,使学生在学习数学知识的同时,了解基本的法律常识,懂得与青少年密切相关的法律知识,进而提高法律意识,懂得自我保护,将知识与法律融为一体.这样学生也就自然地受到法制教育,潜移默化地接受法律的熏陶.下面就如何在小学数学教学中渗透法制教育谈几点体会.

一、挖掘数学课本中的法制教育内容,把法制教育渗透到教材中

在数学学科教学中渗透法制教育,必须将教学内容与法制教育有机地结合起来,既不能把数学课上成法制课,也不能漠视教学内容中

蕴涵的法制教育因素；要根据数学学科的特点和教材内容，在教学中恰当地把握分寸，潜移默化地进行渗透．例如：有这样一道题，12个小朋友去野炊，只有一辆限乘8人的面包车，我们应该怎么办？在这里就可以对学生渗透关于车辆超载会造成危害的教育．在教学"千克、克"的认识时，我一边指导学生用手来掂量物品感受物品的质量，一边告诉学生：一克物品很轻，但一克毒品的危害却很大．这样即可适时对学生进行远离毒品、珍爱生命的教育，使学生认识到毒品的危害性．在教授统计表时，可以联系情境图和统计表，给学生讲解动物保护的知识．也就是说，教师在数学教学中渗透法制教育时，要注意研究法制教育的渗透方法，使法制教育与数学教学自然融合，切不可喧宾夺主；要明确两者之间的关系，既无须改变教学计划或教学大纲，也无须重新编印专门的法制教材，只是通过授课教师的巧妙安排来实现法制教育，培养学生从小养成遵纪守法的良好习惯．

二、利用数学教学实践活动，培养法制教育意识

在丰富多彩的数学教学活动中，如果教师能把法制教育的方法和时机运用恰当，对提高学生的思想觉悟、抵制心灵污染，定会收到良好的效果．这往往也需要通过一系列的实践活动来实现．例如：教学"简单的数据整理"后，我给学生布置了一道作业：放学回家后先调查自己家里每天、每周使用垃圾袋的数量，再计算自己家里一个月使用垃圾袋的数量，然后结合垃圾袋对环境造成的危害，进一步说说自己对使用垃圾袋及乱扔垃圾的看法．这样，学生既掌握了有关的数学知识，又受到了一次良好的环境保护教育，同时结合如果有人从楼上往下乱扔垃圾或者随地乱扔垃圾影响到他人，还有可能承担一定的法律责任的事例，让学生从中受到要有法制观念的教育．

利用数学教学实践活动，可培养学生的能力，进而不断提高学生对法制的认知．另外，还可开展法制讲座，让学生深切地感受到法律的威严．

三、数学题中融入法制教育

在数学教学中，教师可以在编题时，结合时事进行法制教育，即把有关法制方面的资料编入其中，让学生在练习过程中接受法制教育.

例如："王叔叔平均每小时能检测150个零件,他每天工作6小时,共能检测多少个零件？"在解题时，教师可以向学生渗透《产品质量法》的有关知识.

又如：对六年级的学生讲解"认识百分数"时，教师可将征收个人所得税的税率计算方法设计成作业题，并融入学生所学的知识中，从而对学生进行税法教育.

再如：在教学"统计"时，我让学生集中搜集身边需要利用法律武器解决的问题，如：父母虐待孩子；司机及行人不遵守交通规则；在学校附近开办网吧；商店出售三无食品，等等. 把这些问题中的信息编成统计资料信息，就可以让学生在掌握数学知识的同时受到法制教育.

四、利用数学游戏对学生进行法制教育

玩游戏是儿童的天性，它能有效激发学生的学习兴趣，调动学生的学习积极性. 正如孔子所说："知之者不如好之者，好之者不如乐之者."

学生对所学内容产生浓厚的兴趣，有强烈的求知欲，就能主动地进行学习. 因此，我们在数学教学时，可结合游戏规则适时对学生进行遵纪守法教育，使学生知道人为什么要守法、怎样守法，从而懂得有法必依、执法必严、违法必究的法律常识. 例如：在进行"夺红旗"游戏比赛时，会出现个别学生调皮捣蛋、有意不遵守游戏规则等现象，使游戏无法正常进行. 针对这些问题，我会抓住有利时机对学生进行遵守纪律的教育，让学生意识到游戏规则就好比国家法律，如果我们都不遵守纪律，国家就不得安宁了. 这样，学生就会在参与游戏的过程中，加强组织纪律观念，培养合作意识和集体主义荣誉感.

五、渗透法制教育要找准切入点，把握好时机

教师在渗透法制教育时要找准切入点．各学科教材中都蕴含着极其丰富的育人因素，因此，法制教育的渗透也必须依托教材，离开了教材，法制教育就成了无本之木、无源之水．而教材中的育人因素，大多寓于知识之中，呈隐性状态，教师也只有充分驾驭教材，才能悟得育人真谛，探寻到知识教学与思想教育的最佳融合点，即在教学中找到思想教育的切入点．

学生是教学的主体，学习的主人，教育的对象，这就要求法制教育工作必须既遵循学生认知的规律，又要符合思想教育的规律，只有找准切入点，思想教育才能把握好时机，才能直透心田．教师要随着教学进度随机渗透，因材施教，不能为了渗透法制教育而置教学内容于不顾，牵强附会，强行渗透，因为法制教育的特点是动情晓理，唯有"情动"才能"知书达理"．

青少年学生是祖国的未来和希望，是我国社会主义现代化建设的强大后备军，而法制安全工作是青少年成长的保障，是学校教育教学的基础，也是学校常抓不懈、重中之重的工作．因此，教师要从大处着眼，小处着手，深化、细化法制教育；也只有适时、适度，点点滴滴地渗透，持之以恒，才能"随风潜入夜，润物细无声"．让我们共同携手为青少年儿童的健康成长营造一个良好环境，筑起一片纯洁的法制天空，让他们的身心健康快乐地成长！

如何实现小学数学课堂公平

所谓课堂公平，就是打破课堂中存在的权力机制，消解教师对学生拥有的分配权力、绝对权威以及学生是教师的依附等传统观念，并基于公正、公平的价值观，创造条件建立课堂民主．即教师在课堂教学过程中平等地对待每一位学生，公平合理地评价每一位学生，使每一位学生公平地享受课堂资源．

根据多年的数学教学经验，我发现，要促进教学公平，使学生在最大程度上得到发展，必须做到如下几点．

一、必须树立公平的学生观

主体性教育得以产生和进行的前提是尊重他人，把对方当作一个与自己完全平等的人来对待．教师和学生虽然在知识、能力等方面存在差异，但并没有尊卑、上下之分，他们在人格上是独立的、平等的．每一位学生都有自己丰富的内心世界、独特的个性特征和行为方式，都需要教师的理解和尊重．教育活动是一种教育主体之间在相互理解、相互尊重、相互信任、平等相处基础上而进行的对话、交流和沟通的过程，是一种最能体现"我–你"关系的社会活动．在这种"我–你"关系中，体现了我对"你"的尊重．每一个人对另一个人来说，始终是一个主体，双方要全心全意地投入到教育交往实践之中，同时又保持着各自的独立性．平等地对待每一位学生，体现在教师工作的方方面面，只要平时我们能留个心眼，时时提醒自己，学生就能感受到教师的公平．曾经有一件事情令我印象深刻：预备铃声响起之后，我拿着书本走进教室，看见黑板上还留着上节课的内容，眉毛便拧在一起大声地问道:"今天谁值日?为什么不擦黑板?"班上鸦雀无声.我见没人答应,火气就上来了,提高嗓门又问了一遍.这时,坐在后排的杨某同学跑上来,匆匆地擦了起来.这是一个学习成绩较差的学生,成绩排名靠后,经常拉我班的后腿.但现在,只见他认真而有力地擦着黑板的每一个角落,弄得教室粉尘飞扬.此时,我说:"同学们,都瞧见了吧,这就是由于一个人的不负责任造成的."不知是谁小声嘟囔了一声:"今天不是他值日."我心里微微一怔,这时,一个成绩优异的学生慢腾腾地站了起来,用几乎听不到的声音说:"今天……是……是我……值日."我愕然了,干咳一声,说:"你先坐下,下回注意."这时,杨某同学擦完黑板低着头走了下去.我无意中听到学生们在窃窃私语:"王某不做值日,老师就不会责罚她;上次,我忘了擦黑板,就被罚了.""谁叫你的成绩不好?""老师就是偏心"……我呆住了,陷入了沉思中.那节课,我不知怎样上的,当我直视杨某时,只见他在回避我.下课了,我叫他去我办公室,第一次让他坐在椅子上,面对面地向他表达了我的歉意.他也接受了我的道歉.通过这件事,他也感受到了老师的重视,之后,平常的表现也慢慢好了起来.这件事令我体会颇深.不少教师认为只有学习好的学生才是人才,对他们总是高看一眼,平时的态度和评价也是较为积极的,而对那些学习有困难的学生,评价总是消极的.这件事让我明白了,是人们的急功近利,才营造了从校内到校外、从教师到家长,一提到学困生,就叫人担忧的环境.社会上的人一听说是学困生,就摇头;家长知道自己的孩子是学困生,心里面就有种说不出的滋味;班主任听说是学困生,也不愿接受;我自己在这件事中,也因带了有色眼镜看待学困生,才导致学生们议论纷纷.从这件事情以后,我时刻提醒自己:一定要平等地对待学生,不要戴有色眼镜看待学生.其实,每一个学生都是好孩子,每一个孩子身上都有值得我去尊重的地方.教育是神圣的,许多不争的事实说明:一次偶然的教育机会就可以改变一个学生的一生.

二、反思师生关系的不平等现象

在反思师生关系的不平等现象时,教师应注意从以下几方面展开:

首先,教师要尝试从学生的角度体验课堂教学.如果教师理解了自己的行为对学生具有的意义,就能够更好地修正行为,达到师生之间的平等、合作关系,营造民主的课堂氛围.

其次,教师要通过对话交流的方式,来突出和尊重每个生命存在价值的平等性和个体的差异性,从而了解学生头脑里的想法,理解学生的感受,反思师生之间的关系.

最后,教学从本质上来讲就是对话、交流和知识创新的活动.也只有认识到这一点,才能使师生之间不再是命令和服从、教授和接受的关系,而应该是平等的交流关系;双方才能在互相信任、真诚交往的基础上,共同探索真理,交流人生体验.

三、建立新型的师生关系

新型的师生关系有这样几个特征:一是包容,即师生间的相互理解和接纳.这样的关系不是你同化我或我同化你,而是在交往中相互理解、相互尊重并维护各自的独立性和完整性.包容更指宽容,主要是教师对学生的宽容.真正的宽容不仅体现在对孩子考试分数的轻看上、对孩子一时失败的宽恕、谅解的态度上,还应体现在对人性固有的弱点,如软弱、愚蠢、庸俗等的容忍上.雨果曾说过,世界上最浩瀚的是海洋,比海洋更浩瀚的是天空,比天空更浩瀚的是人的心胸.作为教师,更应有宽广的胸怀,宽厚的慈爱之心.二是"共享".教师和学生都是课堂教学及学校生活中的主体,都应积极参与并投入到教学过程及学校的生活中去.在"对话"教学模式下,教师走下"讲台"与学生相遇,让师生在民主、平等的氛围中,围绕既符合教学任务又同为师生感兴趣的问题,畅所欲言地平等地进行对话和信息交流.教师把学生当成有尊严的独立的个体来看待,以平等友好的姿态走进学生中间,并推心置腹地与之交往,在共同的教育活动中摄取双方创造的经验和智慧.有一次数学课上,我问了学生一个问题,学生回答后,又有一个学生举手了,我以为他还没理解,可他却提出了一个问题:"老师,你已知道我们的想法了,你能回答我们的一些问题吗?"听到这里,我心里一震,是呀,为什么不给学生这样一个机会呢?于是,这节数学课成了我们班的"记者答辩会了"(课后学生们这样说的).我和学生们的相处是友好的、平等的、愉悦的.

四、公正地评价每一位学生

在解决课堂教学中对学生评价的不公正现象问题时,教师应从以下几个方面进行:

首先,要求教师对自己作为学习者的自身经历予以反思,回忆自己在学习经历中受到不公正待遇时的感受、产生的情绪以及对后来人生发展的影响,进而引起共鸣.

其次,反思自己的评价观念,摒弃"完人逻辑",避免对学生进行高标准、严要求式的理想主义评价.同时,学生是发展中的人,应该用发展的眼光评价学生在特定情境下的表现,避免给学生下结论式的评价.

最后,在课堂教学中,反思是否只出现了教师评价的声音.对任何事物,都要采取多方位评价,以免出现片面性.只有把教师评价、学生评价和自我评价结合起来,才能达到教学过程中对学生的相对公平、公正及综合性的评价.

五、探索教育教学艺术,促进课堂教学评价公平

在课堂教学中,学生对老师的评价非常敏感,这也常常导致其情绪及情感产生波动.有效的评价可以激发学生学习的兴趣,不恰当的评价可以降低学生学习的热情,甚至影响其今后的发展.因而,教师应该全面、公正地评价每一位学生的品行和成绩.

朱永新教授在《新教育之梦》中写道：我们应该细心地关爱每一位学生，要保持公平、公正，让每一位学生都充分享受到老师的爱，让孩子们在平等、公正的爱的滋润下茁壮地成长．让所有的孩子都能享有公平受教育的机会，是我们每个教师的责任和义务，只要我们以正确、鼓励的眼光对待孩子的对与错，相信孩子们也会还你一个惊喜！

如何构建高效、民主课堂

当前，我们的课堂是用时间换成绩，采用的是传统的教学模式，教师台上讲学生台下听，完全成了教师的天下，把本来是"双边活动"的课堂变成"单边活动"，学生的学习积极性调动不起来．通过赴重庆市渝中区中华路小学跟岗学习后，结合自己的教学情况，提出了"向40分钟要质量"，提倡课堂应是高效、民主的课堂，应在有限的时间内提高教学质量．

在遵义市教育局特色办的安排下，我和我校四名教师到重庆市渝中区中华路小学跟岗学习．通过一周的学习，我深刻感受到，特色学校的创建给我们当前的课堂教学提出了一个更高的要求，即教师要向40分钟要质量，改变传统的教学模式．于是结合自己多年来的教学经验，提出今后我们的课堂应是高效、民主的课堂．

高效、民主课堂是一种教学形态，主要表现为尊重学生的个体差异，在教学过程中，教师教得轻松、学生学得愉快；它是一种以学生认知建构与情感态度、教学控制与情境创设为一体的教学形态．高效、民主课堂也是一种教学理想，其意义是为现实教育教学产生一种动力、牵引和导向作用．实施高效、民主课堂教学是当前我校教学永恒的主题，是教师永远的追求．因此，高效、民主课堂应是一个动态的转化过程，即从追求高效、民主的教学理想转化成实现教师高效、民主地教和学生高效、民主地学的教学状态．

高效、民主课堂应以服务于学生终身发展这一教学理念为指导，以规范具体的教学目标为导向．促进学生终身发展，为学生终身发展奠定基础是高效、民主课堂教学所遵循的理念．高效、民主课堂教学应该着眼于学生的未来发展，培养学生的学习热情，使学生"爱学习"；

促进学生掌握学习的方法，使学生"会学习".

　　高效、民主课堂要以扎实的教学内容为载体.高效、民主的课堂教学并不是教学内容越"多"越好，也不是越"难"越好，而是要在了解学生的实际学习水平和特点的基础上，结合课标要求，合理地确定教学内容的重点.因此，课堂上教师要以"精讲多练"方式落实教学重点，突破难点，要让学生扎实掌握基础知识，熟练掌握基本技能.课堂上，可以让学生采用自主学习、同桌合作学习、小组探究学习等学习方式，让学生变"被动学习"为"主动学习"，变"要我学"为"我要学".要充分发挥学生的积极性、主动性、创造性，引导他们在民主、宽松、和谐的课堂氛围中自主学习、合作学习与探究学习，这样才能达到高效、民主课堂教学的效果.

　　怎样才能构建高效、民主课堂，我大体总结为下面几点：

一、以课标为基础，解读文本，结合实际，设计好教案

　　备课过程中，教师要根据课标把握教材内容，熟悉教材内容；对典型题例，自己要先做；对相关知识，要充分学习，以找到相应内容的关键点和突破口.教案是教师对整个课堂教学设计意图的体现，教案设计的重点是教学过程的设计.因此，教师在设计教学过程时，一定要针对学生已有的知识、能力水平与思维水平，结合教学实际，这样设计出的教案才切合实际，才具有可操作性.

二、布局好时间和学法指导，努力创建民主、学习型课堂

　　时间就是效率.抓紧时间，用好时间，才能保证课堂的高效率，为此，我们要改变传统的教学观念.一堂课一般由学习、讲解、练习三部分构成；讲的时间不宜超过15分钟，练的时间不宜少于15分钟，这里的练包括教学过程中的训练.课堂上要精讲、多练，要精心安排学、讲、练的内容.

　　教师在课堂上要学会合理安排时间，要学会节省时间.要有效地

运用现代化的信息技术手段为教学服务，合理安排收发作业等．上课要守时，不迟到，更不允许出现拖堂现象．教师要以自己的时间观念影响学生的时间观念，让课堂40分钟产生最大的效益．教师一定要树立学生可以学会，每个学生都可以学会的观念，帮助不同层次的学生制订自学方案，解答学生疑难．对于大多数学生通过自学可以解决的问题，不讲；解决不了的问题，精讲；遗漏的问题，予以补充．要以课堂作业、教师提问、来回巡视等手段来督促学生自学，最大限度地反馈学生的学习情况，创建和谐、高效、民主的课堂氛围．

三、营造和谐、民主的师生关系和学习氛围

教学只有在平等、民主和宽松的氛围中进行教学，学生才能愉悦地学习，才能取得好的学习效果．陶行知提出："创造能力最能发挥的条件是民主"．因此，要提高学生的学习积极性，培养学生的创造力，教师应努力创设民主、和谐的教学氛围，这样才有利于激发学生的自主意识，有利于活跃学生的创造性思维，有利于培养学生的想象力，有利于不同观点的相互碰撞和交流．

教师要经常听取学生对本学科学习提出的建议，并及时调整自己的教学策略，要尽最大可能地尊重学生意愿来选取教学方式．教师要尊重学生的劳动成果，不要挖苦、讽刺回答错误的学生．教师要以真诚的眼光注视学生，亲切的语气教育学生，信任的心态引导学生．营造民主、和谐氛围的主动权在教师手中，教师必须主动地承担起改善师生关系的责任．

四、练习到位，巩固课堂教学效果

练习的目的有三个：检查学生的学习情况；巩固学生的学习成果；将学生的新知识转化为能力．

课堂练习是检查学生学习情况的最好途径，因此，课堂作业要紧扣课堂教学内容来安排．课外作业是一个增效过程，因此，安排课

外作业时要着眼于学生的发展，要有弹性．课内外作业都要分层进行设计，以使各层次的学生都能完成并得到发展．

练习题要精心设计，避免重复．各科作业都必须做到最迟隔天反馈．重视课后辅导，对于作业中出现的共性问题，要面向全班学生认真讲解，而对个性问题，可单独解决，绝不积压学生在学习中出现的问题．

新课标提倡学生主体、教师主导的课堂教学理念．为此，在课堂教学过程中，要创设高效、民主的课堂，教师应起引导、组织作用，要体现学生的主体参与意识、主动学习意识，要改变传统的满堂灌模式．要让学生真正参与到学习中，则要求教师在充分了解学生的基础上结合课程标准、教材内容，科学合理地安排教学活动，通过激发学生的学习兴趣，刺激学生的求知欲，让其主动融入学习活动中，并从中发现问题、思考问题、解决问题，从而获取知识．因此，如何构建高效、民主的课堂，是教师必须认真对待的，这是在有限的时间内提高教学质量的保障．

运用分数的意义培养学生的数学创新思维能力

数学的创新思维,是在解决数学问题的过程中表现出来的智力品质.培养和训练学生的数学思维的创造性,也应在学生掌握知识的过程中.因此,教师要启发、诱导学生利用原有知识独立地寻求解决新问题的各种途径,对一个问题,应从多方面考虑;对一个对象,应从多角度观察.为此,我在教学分数应用题时,精选了一些典型练习题,先引导学生用常规方法解出后,再让学生运用分数的意义进行解答,这对培养学生的创新思维,提高学生的解题技巧是颇有益处的.下面举例说明.

例1 甲数比乙数少20%,那么乙数比甲数多百分之几?

一般解法:甲数比乙数少20%,这里将乙数看作单位"1",可知,当乙数是1时,甲数是1-20%.求乙数比甲数多几分之几,就是求乙数比甲数多的部分,相当于甲数的几分之几,即求20%相当于1-20%的几分之几.列式为:

$$20\% \div (1 - 20\%) = 25\%.$$

创新解法:甲数比乙数少20%,这里将乙数看作单位"1",并平均分成100份,可知,当乙数是100份时,甲数是(100-20)份.求乙数比甲数多几分之几,就是求乙数比甲数多的部分,相当于甲数的几分之几,即求20份相当于(100-20)份的几分之几.列式为:

$$20 \div (100 - 20) = 25\%.$$

例2 客车和货车分别从两地同时相向而行,在距中点24千米处相遇,这时,客车是货车所行路程的$\frac{2}{3}$.求两地相距多少千米.

一般解法：客车是货车所行路程的 $\frac{2}{3}$，这里将货车所行路程看作单位"1"，可知，当货车所行路程是 1 时，客车所行路程是 $\frac{2}{3}$，货车比客车多行的 $(24×2)$ 千米对应的分数是 $\left(1-\frac{2}{3}\right)$，即可求出货车所行路程为：$24×2÷\left(1-\frac{2}{3}\right)$；最后可求出两地相距多少千米．列式为：

$$24×2÷\left(1-\frac{2}{3}\right)×\left(1+\frac{2}{3}\right)=240 \text{ 千米}.$$

创新解法：客车是货车所行路程的 $\frac{2}{3}$，这是将货车所行路程看作单位"1"，并平均分成 3 份，可知，当货车所行路程是 3 份时，客车所行路程是 2 份，货车比客车多行 $(24×2)$ 千米相应于 $(3-2)$ 份，即可求出每份是 $24×2÷(3-2)$ 千米；最后用每份千米数乘以总份数即可求出两地相距多少千米．列式为：

$$24×2÷(3-2)×(3+2)=240 \text{ 千米}.$$

练习题：

1. 甲数比乙数多 $\frac{m}{n}$，那么，乙数比甲数少（　　）；

   甲数比乙数少 $\frac{m}{n}$，那么，乙数比甲数多（　　）．

2. 一个工厂原来每天制造机器零件 1800 个，比现在每天少制造 10%，现在工厂每天制造机器零件多少个？

　　课堂是实施素质教育的主要阵地，数学教师在课堂教学中必须树立创新性的教育理念，引导学生探索性地学习，从而培养学生的创新思维和创新精神，并最终在解决实际问题的过程中提高其创新能力，促进其全面发展．

$\dfrac{1}{2} - \dfrac{1}{3} = \dfrac{1}{6}$ 的联想

数学教学的核心是培养学生解决数学问题的思维能力，而数学问题的解决过程是发散思维与聚合思维相互转换的认识过程．因此，在实施素质教育的今天，探索式教学方法显得尤为重要．它能充分体现和发展学生的思维过程，让学生易于参与并且主动参与探索知识的过程，这有利于培养学生独立探索的创造能力．例如：在实际教学中可运用等式：

$$\dfrac{1}{2} - \dfrac{1}{3} = \dfrac{3-2}{2\times 3} = \dfrac{1}{2\times 3} = \dfrac{1}{6}$$

解决一类复杂的计算题．

例 1 计算：$\dfrac{1}{1\times 2} + \dfrac{1}{2\times 3} + \dfrac{1}{3\times 4} + \cdots + \dfrac{1}{99\times 100}$．

解 原式 $= \dfrac{2-1}{1\times 2} + \dfrac{3-2}{2\times 3} + \dfrac{4-3}{3\times 4} + \cdots + \dfrac{100-99}{99\times 100}$

$= \dfrac{1}{1} - \dfrac{1}{2} + \dfrac{1}{2} - \dfrac{1}{3} + \dfrac{1}{3} - \dfrac{1}{4} + \cdots + \dfrac{1}{99} - \dfrac{1}{100}$

$= 1 - \dfrac{1}{100}$

$= \dfrac{99}{100}$．

例 2 计算：$\dfrac{3}{1\times 5} + \dfrac{3}{5\times 9} + \dfrac{3}{9\times 13} + \cdots + \dfrac{3}{1997\times 2001}$．（江苏省南通市华罗庚杯赛小学数学年度赛）

解 原式 $= 3 \times \left(\dfrac{1}{1\times 5} + \dfrac{1}{5\times 9} + \dfrac{1}{9\times 13} + \cdots + \dfrac{1}{1997\times 2001} \right)$

$$= 3 \times \left(\frac{5-1}{1 \times 5} \times \frac{1}{4} + \frac{9-5}{5 \times 9} \times \frac{1}{4} + \frac{13-9}{9 \times 13} \times \frac{1}{4} + \cdots + \frac{2001-1997}{1997 \times 2001} \times \frac{1}{4} \right)$$

$$= 3 \times \frac{1}{4} \times \left(\frac{1}{1} - \frac{1}{5} + \frac{1}{5} - \frac{1}{9} + \frac{1}{9} - \frac{1}{13} + \cdots + \frac{1}{1997} - \frac{1}{2001} \right)$$

$$= \frac{3}{4} \times \frac{2000}{2001}$$

$$= \frac{500}{667}.$$

通过以上例题可知这一类复杂计算题的解决方法．这种解法以学生的观察、联想、引申等思维方法为基础，据学生已有的知识、经验和方法，对数学问题做出的积极探索、大胆猜想．而寻找规律、合理计算，是培养学生创造性思维的重要途径之一．

练习题：

用简便方法计算：

1. $\frac{1}{11 \times 13} + \frac{1}{13 \times 15} + \frac{1}{15 \times 17}$．

2. $\frac{1}{100 \times 101} + \frac{1}{101 \times 102} + \frac{1}{102 \times 103} + \cdots + \frac{1}{199 \times 200}$．

3. $\frac{2}{3} + \frac{2}{15} + \frac{2}{35} + \frac{2}{63} + \frac{1}{9}$．（四川省德阳市第十一届小学数学邀请赛）

小学数学微课"四段式"教学模式探究

小学数学微课"四段式"教学模式,是把"任务单"教学模式中的"学习任务"、"导学案"教学模式中的"导学问题"以及"翻转课堂"教学模式中的"微课视频"等学习方式融为一体,形成的一种教学新模式.

小学数学微课"四段式"教学模式,将传统40分钟的课堂划分为学前准备、新知学习、知识内化和课堂检测四个时段,在基于交互式多媒体教学终端设备的环境下,充分利用"微课"视频和学习任务单(包含新知"导学"、内化"任务"和课堂"检测")引导学生自主、合作、探究学习并拓展延伸到学生的个性化学习.学生观看"微课"后通过自主探究、合作交流、提出问题、任务驱动及总结提炼等途径学习新知识,教师通过问题导向、创设情境、个性化指导、释疑解惑和测评反馈等方式组织教学,课堂充分体现了以"学生为主体、教师为主导、问题为导向"的新课改理念.

一、第一时段"学前准备"的作用和师、生角色的定位

这一时段是师生共同复习已学知识、分析并建构新旧知识之间的关联、明确学习目标、获悉新课内容、指导学习方法、激励学习动力.这个环节使用的"导学案"包括教学设计、课件制作等.这些均以上课教师个人主备、集体同备与多次复备等方式在课前完成,并以新课程标准为指导、以素质教育要求为目标,结合学生实际把知识还原成现实中的实际问题或具体任务.其重点在于引导学生自主学习、主动参与、合作探究和优化学习,让学生体会到数学与生活的密切联系,从而激发学生的学习兴趣.因此,关于小学数学微课"四段式"教学,

先行先试的老师们必须要花费更多的时间和精力去设计、探究与实践，同时还要聚合众多教师的智慧进行共研共享.

二、第二时段"新知学习"的作用和师生角色的定位

在这一时段，教师要根据学生的学习进度，在学生熟悉学习内容的基础上，围绕"导学案"的设计，让学生观看"微课"视频，感知新课内容，了解知识要点，形成知识表象，并在"导学案"的学习任务单上记录自己遇到的困惑和需要解决的问题. 在这一环节，师生都要亲力亲为，要切实发挥学生的学习主导和学习主体作用，同步提升他们的自主学习能力和创新思维能力. 在这个时段，务必强调：学生自学，以学习"任务单"为导向.

三、第三时段"知识内化"的作用和师生角色的定位

这一时段是在"新知学习"的基础上，让学生对本节课学习内容先建立起整体感知，再根据教师提供的"任务单"，在各种现代化教学资源设备的辅助下进行自主、合作探究型学习. 同时，根据学习情况，适时回放"微课"，以帮助学生有效解决课堂中的重点、难点、疑点、易错点和易混淆点，从而完成新知识内化. 这个过程，主要采用分层教学和个性化指导，即教师给学生提供的"任务单"是分层的，对学生课堂生成的问题要采取个性化指导，而对学生普遍存在的问题进行集体解答，重在帮助所有学生有效解决疑难问题，并对学生的学习情况给予及时反馈. 在这个时段，教师更多的是扮演主持人、陪同者、引导者的角色，同时对知识进行补全.

知识内化环节主要涉及知识掌握、技能提升和学习能力培养等方面. 学生学习技能的获得是一个循序渐进的过程，即教师把一节课的知识切割成若干"知识片"或分解为多个"任务单元"，让学生在聆听"微课"视频、自主探究、小组协作的过程中，或在"问题解决"的过程中进行归纳、总结来获取的；学生的学习能力培养主要是在主动发

现、构想、归纳、抉择、评价思维的培养过程中进行的．这个环节中所使用的"任务单"，要特别突出以学生为主体，以"四基、四能""学科核心素养"的达成为出发点和落脚点，使之成为学生学会学习、学会创新、学会合作和自主发展的路线图．

四、第四时段"课堂检测"的作用和师生角色的定位

这一时段是在学生已学习、有消化基础上的成果性测评．首先，通过必要的课堂检测去检查学生的学习情况并强化学习内容，进一步梳理本节课的学习要点并强化知识技能．其次，让学生通过反思自己在课堂上的收获及存在的问题，对不熟练、还不清楚的内容再借"微课"深化学习，进而巩固并强化学习重点、难点、疑点、易错点和易混淆点，达到扩展学习、迁移应用、查缺补漏和拓展延伸后续学习的目的．最后，教师要根据课堂检测情况进行课后教学反思，反思在教学设计、任务设计、微课选用以及教学实施中存在哪些不足，需要做哪些改进．这一时段可拓展延伸到课外，在校学生可借助教学设备回放"微课"；有条件的学生可借助互联网利用各种平台（如 qq 群、微信群等）把"微课"这一家庭教师请回家，这样可随时随地帮助学生自主复习，如发现新问题可及时与老师、同学通过网络进行互动交流．任课教师还可通过网络交流平台（如 qq 群、微信群等）与学生进行课后交流，及时反馈学生不清楚的知识点及发现的新问题，分享优秀学生的成功案例，总结课堂教学的成果、存在的不足及需要改进的措施．这里的检测还要考虑个性化检测与问题设计的分层次和难易度等问题，让检测成绩趋于 70~90 分，因为成绩太高，就没有再提高的空间，成绩太低，会让学生失去信心．

随着微课比赛活动在市、省乃至全国的全面展开，小学数学微课"四段式"教学模式将适应新形势，在小学数学课堂中得到深化并不断完善，从而成为小学数学教学模式中的一种，促进小学数学课堂改革的深化．

如何进行有效的课堂质疑提问

课堂质疑提问是教师鼓励学生善于思维，推动学生实现预期目标的基本手段．小学数学课堂教学中离不开质疑提问．质疑提问在课堂教学中是发挥教师的主导作用、凸显学生主体地位的重要环节．在数学课堂教学中，鼓励学生质疑，帮助学生养成质疑问难的习惯，是培养学生创新意识和创新思维的前提．因此，要达到课堂上的有效质疑提问，教师首先要更新观念，明确提问不仅是教师的权利，更应该是学生的权利．所以，课堂教学中我们要做到让学生敢质疑敢提问、想质疑想提问、善质疑善提问、会质疑会提问，从而培养学生的创新能力．那么，如何进行有效的课堂质疑提问呢？课堂有效质疑提问的基石在于教师事先预设一个适宜的问题．课前的精心预设，能让教师更好地驾驭课堂，而一个适宜的问题往往能让学生在愉悦的环境中轻松掌握重点，突破难点．那么如何设计适宜的问题呢？

一、提问要有目的，不能随意

根据学生好奇、好胜的心理特点，教师要把握教学目标，依据教材，构思既有知识情趣，又能引发学生深入思考的问题，从而激发学生的学习兴趣，启发学生的积极思维．如我校申老师在教学"圆的认识"时，巧妙地设立了三个问题："你们见过的自行车车轮是什么形状的""有正方形、长方形、三角形的车轮吗？为什么？""椭圆形的车轮行不行？"随着对这几个新奇问题的思考、讨论，学生对圆的认识也就逐步接近于圆的本质，学生积极而兴奋．又如：我校王老师在教学"可能性"时，在抛硬币游戏之前，就有意识地提出了问题："请同学们猜一猜，硬币落地后是正面向上还是反面向上？"抛硬币游戏之后再提问："同学们发现了什么？"这样有目的地让学生从问题的解决中感知不确定现象.

二、精心设计教学环节，使学生"会问"

教学过程是一个持续不断的提出问题、解决问题的过程.因此，教师在课堂教学中要精心设计教学环节，使学生"会问".即教师要在平常的课堂教学中精心设计教学环节，以启发学生在学习中发现问题，特别是在自己对某事件进行思考后还不明白的情况下，要善于多问几个"为什么？""是什么？""怎么办？"使学生逐渐养成一种善于提问的习惯.例如：教学"可能性"时，在摸球游戏教学环节中出现了一个盒子里总是摸出红球，学生觉得奇怪.这时教师就要引导学生思考，让学生提问"为什么？"，然后，教师打开盒子揭示原因：盒子里全是红球.从而让学生知道，如果盒子里放的是一种颜色的球，比如都是红色，那么，摸出的球一定是红色.长此以往，学生提问的兴趣会越来越浓，也就逐步养成了主动提问的良好习惯.另外，在课堂上，教师要多给学生表达自己想法的机会，留给学生充分思考、探索的时间，尊重和鼓励学生用不同的方式理解和解答问题.对学生提出的有价值的问题，要给予充分的肯定和表扬，使学生体验到成功的快乐.当然，教师也要保证学生提问的质量，不能漫无边际，这就需要教师的正确引导，让学生的思想集中在关键点上.

三、善于设置矛盾，揭示矛盾

矛盾是打开学生思维之门的钥匙，有矛盾才能激发学生思考的动力.因此，善于设置矛盾，揭示矛盾，是创造高质量问题的关键.数学教材中隐含着大量的矛盾问题，教师要善于发现并通过精心设计来揭示这些矛盾，而巧妙地实施提问，可引起学生积极主动地思考.

例如：在教学"分配律"之后，我发现，在学生的作业中出现了通过知识迁移而得出"除法分配律"这样的例子，我就利用课堂让学生们对此问题展开了讨论．有同学说，老师只教过乘法分配律，哪有除法分配律？有学生说，乘法有这样的性质，说不定除法也有这样的性质……争论一番后，学生们都把眼光投向了我，希望我给个说法．对于学生非常感兴趣的这个问题，何不让学生自己先探究一番呢？随即说："关于除法分配律，我一时也说不清，还是请同学们去验证这个猜想吧，并自由组合了探究小组"．之后，在巡视小组合作学习时我发现，学生们已经列举了大量的实例进行了证明，在汇报时也是"论据"充分：

$100 \div 5 + 200 \div 5 = (100 + 200) \div 5$；

$(2000 + 3000) \div 10 = 2000 \div 10 + 3000 \div 10$；

$0.6 \div 0.2 - 0.2 \div 0.2 = (0.6 - 0.2) \div 0.2$．

有些小组还用字母表示：

$(a+b) \div c = a \div c + b \div c$……

由此看来，该同学的这个猜想是正确的，学生们的探究过程也是十分有效．教师对该同学进行了表扬，对学生们的探究精神、探究效果给予了肯定．同时也提出，如果是 $100 \div 5 + 100 \div 2$ 与 $100 \div (5 + 2)$，还相等吗？学生们通过讨论最后得出结论："除法中被除数相等时不能用分配律"．本节课的讨论收到了良好的教学效果．这是先激发起学生对新旧知识技能的矛盾冲突，然后采用质疑法提问，而解决问题采用递进法，这是一种应用很广泛的提问策略．

因此，教师应该精心设计课堂的每一个问题，力争使质疑提问功能发挥得更好．在课堂教学过程中，要让学生敢质疑敢提问、想质疑想提问、善质疑善提问、会质疑会提问，以便发挥学生的潜能，让学生通过自己的自主探索来解决问题，从而培养学生的问题意识和创新能力．

浅谈随班就读学生的管理策略

《中华人民共和国义务教育法》从根本上保证了每一位适龄儿童都能接受教育，其中，随班就读也为某些方面有缺陷的儿童提供了均等受教育的机会．然而随班就读生的教育问题已经备受国内外教育界的关注，行之有效的管理问题还在进一步研究和探索过程中．下面就从我的班级管理实际经验出发，对随班就读学生的教育、管理等问题给出经验性的总结．

班上经常会遇到智力发育缓慢，学习感到吃力、跟不上正常教学节奏的孩子，或者视力、听力、肢体等方面不如正常儿童的孩子，他们犹如一只只搁浅在沙滩上的小舟，难以到达海洋的彼岸．那么，我们怎样才能启动这些学海搁浅的小舟，使他们在知识的海洋里扬帆前进呢？

经过三年的教学实践，我有了一些收获和感悟，即要在情感上给予关爱，在生活上给予照顾，在学习上给予适当的倾斜，等等，这样就能充分保障随班就读学生的身心得到健康发展．

一、为随班就读学生营造良好的爱心氛围

教师对学生的厚爱和期待对学生的成长有很大的激励作用．皮格马利翁的古希腊神话故事是大家所熟知的，就充分说明了这一点．同样，在教育教学中，作为教师，我们对随班就读学生也要期待，他们也会因此产生一种努力改变自我、完善自我的学习动力．所以，教师要充分认识到没有爱就没有教育，没有正确的爱就没有成功的教育．

1. 用友爱塑心灵．随班就读学生作为社会的弱势群体，有着巨大的心理压力，为此，我们要帮助他们克服这种自卑感，树立自信心．例如：我为班上的每一位随班就读学生建立了一个"互助队"，多则四人，少则两人，以便让他们在学习上、生活上形成一个良好的"关怀网"．这样不但使随班就读学生的身心得到照料，让他们感受到大家庭的美好，同时也培养了本班其他学生的团结互助、助人为乐精神．

2. 爱能融化冰川．在教学过程中，我把特别的爱留给需要特别关爱的他们，尽量把随班就读学生安排在教室的前面几排，便于进行个别辅导；在课间游戏活动中，让学生邀请他们积极参与，以激发他们的兴趣，使之玩得有趣、学得有效．

3. 开展爱的延续．开学前要充分了解每位学生的各方面情况，特别是随班就读学生的情况，一定要摸清他们的底子，再结合本班学生的实际情况来制订中、长期教育计划．当他们小学毕业后，我再把这些记录他们成长的资料提供给他们就读的中学，以便让随班就读工作良性循环；我们要发动社会力量来关爱他们、尊重他们，让他们在关爱中健康成长．

4. 利用现有的教室资源和学校资源，给随班就读学生创设一些学玩结合的天地，让他们在学校里找到童真、童趣．可以利用班级图书、学具等，让他们在玩中学、玩中乐、学中玩．

二、建立健全个人成长档案

1. 加强过程记录．对此，要重点做好以下几项工作：第一，从学生的生活实际了解学生的素质发展情况，不将随班就读学生和其他学生混合；第二，严格保护每个学生的隐私，不向其他人或社会公开；第三，规范随班就读学生的个人档案建设，严格按照学校要求分门别类地进行归档．

2. 从建立随班就读学生的个人成长记录袋开始，就要经常关注这些学生的思想品德、语言发展、文化知识、心理素质、学习动态、社会适应能力等，逐项如实记载，并及时反馈给本班各任课教师，以便他们采取相应的教学对策．同时，班主任要随时注意搜集随班就读学生的各种检测原始记录、学籍号、个别学习计划、学习有困难的学生的辅导记录、平时作业和期末试卷等，学期结束后及时存入个人记录袋中，做到随班就读学生档案管理的动态化、制度化和规范化．

三、教学中，针对学生的认知差异，实施因材施教

教学过程中，针对学生的认知差异，实施因材施教．为此，要做好以下几点：

1. 五个适．一是教学内容的选择要适合，力求接近本班随班就读学生的生活实际需要．二是拟定的教学目标要适度，以使本班随班就读学生能够接受．三是设计的教学方法要适当．教学中，要充分利用现代化的教学手段，注重形象直观，力求让学生的课堂记忆深刻．四是作业难度要适中，以使随班就读学生跳起来能摘到果子；评语要用多样化的鼓励语言．五是课堂气氛要适宜．要营造平等和谐的良好教学氛围，使随班就读学生在遇到困难时能得到同学们的帮助，使其闪光点得以充分发挥．

2. 两个优先．一是课堂提问优先，即对一些简单的问题，要让给随班就读学生回答．二是辅导优先，即在辅导的过程中要重点关注随读生，在随班就读学生思维的"最近发展区"上要精心设问，帮助他们理清思路．

3. 两个及时．教学过程中，要及时发现并记录随班就读学生的点滴进步；要及时给予鼓励，努力消除他们的自卑心理．

四、教学评价倾斜

1. 强调个别评价和综合评价相结合．为了加强对随班就读学生的教学质量管理，要从学生实际出发，把个别评价和综合评价相结合．及时建立学生个人档案并观察记录，多采用等级与评语相结合的方式

进行评价．评价包括口头、书面、操作、合作等考核形式，试题可分类别、分知识段、分学期出示给学生，让随班就读学生在无心理障碍的气氛中进行考核．

2．一个个随班就读学生的不断进步，能有效促进班级教学质量的提升，让他们在学校里看起来和其他正常孩子没有什么两样；当家长看到自己的孩子在老师的悉心照料下，快乐健康地成长，心也宽了，脸上也有笑容了．

苏联著名教育家苏霍姆林斯基曾说："智残生不是畸形儿．他们是世界上最脆弱、最娇嫩的鲜花．"为了使这些随班就读学生能战胜激流，驶离险滩，躲避知识的暗礁，扬帆远航，还需要我们一线教育工作者不断探索、总结．我深信：在我们的精心呵护下，每位随班就读学生都会像花儿一样幸福成长、绽放芬芳！

浅谈小学数学教学与信息技术的深度融合

在这个信息技术日新月异的时代,人们的各项生活早已被各种各样的信息影响着.现在,教育信息化的实现成了各个学校提升教育科研内涵的重要举措,我们的小学数学教学过程亦如此.现代信息技术以开放性、综合性、及时性和高效性等优势进入了课堂,也使教育的内容、手段和方法发生了根本性变革.因此,教师应该改变传统的教学模式,将数学内容与信息技术深度融合,进而将抽象难懂的数学内容生动形象地表现出来.在此过程中,可利用具有趣味性的图片、音乐进行衬托,以便有效吸引学生的目光,活跃学生的思维,挖掘学生的潜力,进而培养学生的发散性思维,让学生掌握数学学习的思路和规律,促进学生的全面发展.

一、恰当运用信息技术,激发学生的学习热情

在数学课堂上,教师应改变传统的教学模式,恰当运用信息技术,将数学内容与信息技术深度融合,以培养学生的发散性思维,激发学生的数学学习兴趣,进而促进学生综合能力的提高.

创设教学情景时,教师应恰当利用信息技术使"数学教学生活化",以此激发学生的学习兴趣,调动学生学习的积极性,因为枯燥又干涸的语言环境,会禁锢学生的思维和创造力,使得学习变成生硬的知识灌输过程.现代教育理论认为,学生是学习的主体,培养学生的学习兴趣尤为重要,因此,教师要善于发现生活中的数学问题.在教学中,要从学生的心理特点出发,以学生感兴趣的生活素材为基础来设计,且以丰富多彩的形式展现给学生.若以讲故事、做游戏、表演

等趣味性的形式导入新课，并以此来激发学生的求知欲，学生定会体会到数学学习的乐趣．

  例如：我在教学五年级上册"三角形的面积"一课时，首先用课件来播放学生最熟悉的音乐《少年先锋队队歌》，并以谈话方式导入："同学们，我们一起来听听这首歌：'我们是优秀的少先队员，每天佩戴着鲜艳的红领巾，……'你知道红领巾是什么形状，你会计算它的面积吗？"，这样就很自然地引入了这节课的主题"三角形的面积计算"，学生们的情绪也很快被调动起来，积极投入到快乐的学习情境中去．

二、运用多媒体创设情境，诱发学生的学习兴趣

  多媒体教学具有直观、形象、具体、生活化等特点，因此，运用多媒体创设情境，可以使抽象的概念具体化、直观化，也使难以理解的问题简单化．例如，在教学观察物体时，利用多媒体课件可以直观地向学生展示不同方位下的立体图形，学生通过看、想、交流，就可以更加具体直观地了解物体的方位特性．

  数学知识本身就来源于生活，那么，如何让生活经验匮乏和抽象思维局限的学生酷爱数学，也只有运用多媒体技术创设情境，才能有效准确地找到学生学习数学的切入点．

  例如：我在教学"分数的基本性质"一课时，采用多媒体课件资源播放《西游记》动画片中的主题曲来导入新课，立刻调动了学生们的学习积极性．接着引出了唐僧师徒分饼的有趣故事：唐僧师徒四人去西天取经，一路上历经磨难．一天，他们走得又累又饿，幸好此时路过一个村庄，化缘得到三块同样大小的饼．唐僧心想：三块饼，四个人不太好分呀！于是他想到了一个分饼方案．他对徒弟们说："我准备将第一块饼，平均分成 2 份，八戒吃其中的 $\frac{1}{2}$；将第二块饼平均分成 4 份，沙和尚吃其中的 $\frac{2}{4}$；将第三块饼平均分成 8 份，悟空吃其中

的 $\frac{4}{8}$. 你们同意这样的分配方案吗？"师父的话音未落，猪八戒便跳出来说："我不同意这样的分法，师父您太偏心了，凭什么猴哥吃那么多有 $\frac{4}{8}$，而我却吃那么少才 $\frac{1}{2}$". 这时只有悟空在旁边偷偷地笑. 然后提出问题："孩子们，八戒说得对吗？师父真的偏心吗？上完这一节课你们就会明白了."通过这个有趣的故事，以及提出的问题，来设置悬念，可以创设出新奇的教学情境，可以激起学生积极探究新知识的欲望.

又如：我在教学小学四年级下册"折线统计图"时，首先课件出示"心电图和股票走势图"，接着问学生："你们在哪里看到过这样的统计图？"学生能说出在医院和"股市"上看到过. 又接着告诉学生，在我们的生活中，常常用这样的图来统计一些数据，它有一个非常好听的名字，叫做"折线统计图"，以此来揭示这节课的课题"折线统计图". 从学生的生活实际来创设情境，让学生感受到数学就在我们的身边，从而激发了学生学习数学的兴趣.

三、利用网络资源，提高学生的认知能力

在常规教学中，由于受到时间、空间等多种因素的限制而无法满足教学内容的创作及呈现. 而远程教育手段能够集图、文、声、色于一体，因此，利用这种表现形式，可以多样、生动、有趣地模拟和呈现实际生活中的情景，有利于将生活中的数学与课堂内容联系在一起，从而丰富数学教学内容，促使学生更好地理解数学、爱数学，并应用数学，进而培养学生发现问题和解决问题的能力.

例如：我在教学"7的乘法口诀"时，先用7个三角形纸板拼成一条小船，然后问学生，拼成2条、3条、4条……小船，需要多少个三角形纸板. 通过出示拼船课件，可使学生直观、形象、生动地了解事物变化的规律，同时也使抽象的知识转化为一定的物质形态，使知识变得形象具体，生动有趣，从而把知识化难为易，成功地突破教学难点.

又如：在教学"平行四边形计算公式的推导"时，为了让学生更好地掌握"平行四边形的计算方法"这一教学重点，我不仅让学生先动手通过剪、移、拼的方法把平行四边形转化成学生们已学过的长方形，还利用远程教育资源给学生演示沿着平行四边形的高剪开，再通过动画方式移拼成长方形或正方形．通过演示不同的拼法，使学生自己感觉并体会这个长方形的面积与原来平行四边形的面积是完全相等的．再问学生还发现了什么？这个长方形的宽与原来平行四边形的高有什么关系？学生们很快就能明白，这个长方形的长就是原来平行四边形的底，这个长方形的宽就是原来平行四边形的高，从而推导出平行四边形的面积公式：

平行四边形的面积=底×高．

运用远程教育媒体资源进行动画展现，可以化抽象为具体，变深奥为浅显，使学生的理解难度降低，教学的重、难点就能得到很好的突破．

四、适时形象直观，化解教学难点，使数学练习生活化，并做到学以致用

设计生活化的问题时，要注意让数学从生活中走来，再将数学知识回归生活．这既能让学生感受生活化的数学，并用数学眼光看待周围的生活，又能让学生体会到数学就在身边，感受到数学的趣味和作用，体验到数学的魅力，从而增强学生在生活中的数学意识，同时还有利于发掘每个学生自主学习的潜能．这对于提高学生数学学习的积极性起到了事半功倍的作用．《数学课程标准》指出："学生能够认识到数学存在于现实生活中，并被广泛应用于现实世界，才能切实体会到数学的应用价值．"也就是说，学习数学知识，是为了便于更好地服务于生活，应用于生活，学以致用．因此，在课堂教学结束后，可以设计符合学生口味的实际练习，以培养学生运用所学的知识解决实际问题的能力，并与实践活动、生活问题相结合．

例如：在教学"相遇问题"时，由于学生缺乏实际生活经验，不理解什么是相对而行，什么是相遇问题，于是，我就在计算机屏幕上显示一段路程，表示两地的距离，随后在道路两端走出两名小同学．然后提问："大家想不想知道，甲、乙两同学是怎样汇合的？"现在让我们来点按鼠标吧！屏幕上的这两名同学以不同的速度面对面地行走，经过 4 分钟，两人在同一地点相遇．通过画面的动态演示，使学生理解了"相向""相遇"等概念，同时也感悟到了求路程的一般方法，即

甲的速度×时间 + 乙的速度×时间 = 路程．

这一探究情境获得了成功，学生们激动的心情无以言表．接下来，我引导学生进一步探究："求路程还有其他的方法吗？"用"速度和"来乘相遇时间得到路程，学生是很难理解的，而计算机网络这一得天独厚的优势，既可以帮助教师突破这一难点，又能够调动学生动手的积极性．于是，我便在第一种解法的静态画面上，将表示 1，2，3，4 分钟甲、乙两人各自行走路程的线段游离出来，在画面上移动，以此来引导学生分析游离线段的联系："哪些线段之间有关系？用鼠标能否把它们结合在一起？你发现了什么？"这一动态画面有情有境，形象兼备，它把抽象的数量关系融合到形象的生活之中，再加上教师声情并茂的设疑，行动语言的暗示、肯定、点拨，学生们便在兴趣盎然中加深了对知识的理解和感悟．

又如，我在教学"折线统计图"反馈练习时，出示课件：2008—2012 年交通安全死亡人数折线统计图．首先强调每年的"4 月 30 日是交通安全日"；接着提出问题："交通安全死亡人数有什么变化？你们有什么感想或者能提出什么好的建议？作为小学生的你们，平常又该注意些什么？此时教师及时渗透《中华人民共和国交通安全法》，这既达到了巩固知识——折线统计图的特点：不仅能够清楚地表示出数量的多少，而且能够清楚地表示出数量的增减变化情况，又达到了对学生渗透"交通安全法制教育"的目的．

再如：我在教学"三角形的面积"反馈练习时，出示课件：道路

- 37 -

交通警示牌.问学生："你们认识这些交通警示牌吗？"学生们大胆地讨论；接着问："你们按这些要求做了吗？你们会计算它的面积吗？"这里不但要求学生会计算三角形的面积，更重要的是对学生渗透了交通安全教育.

　　教育的关键就是找到适合每个学生个性的教育方法，以促进每个学生的和谐发展，培养其特长.这也是我国社会发展的需要."创造适合每一个学生的教育"，是一种温暖，一种关怀."适合教育"就是强调以学生为本，追求人文关怀，引导学生的心灵走向真、善、美；强调教育要适合每一个学生的个性，适合每一位学生的实际需要，在尊重和理解的基础上为学生提供民主、科学的教育教学服务；强调整体大于部分之和，要让每一位学生都有所发展.

　　总而言之，在信息技术与学科教学深度融合的新型教学模式中，我们要利用信息技术教育的优势，充分调动学生认识与实践的主观能动性，让学生真正成为数学学习的主人，而教师也不再是一个信息的主要提供者与学习的主导者，他将成为学生个别化学习探索活动的辅导者与支持者.也只有把信息技术与数学课程内容、数学课程教学形式、数学课程教学方法等几方面很好地深度融合起来，才能使教学模式、教学方法、教学手段、师生的相互关系都发生明显的变化，才能使教学过程最优化，使课堂教学效率得到提高.

如何让枯燥的数学课堂变得有趣

兴趣是一个人积极探究某种事物，爱好某种活动的倾向．每个教师都希望自己的学生在学习过程中有浓厚的兴趣，也就是使学生怀着一种高涨的情绪，进行学习和思考．学生只有对学习产生浓厚的兴趣，才会专心听讲，认真思考，进而学到新的知识．托尔斯泰说过："成功的教学所需要的不是强制，而是激发学生的兴趣"．那么，如何才能使学生在愉悦的气氛中学习，如何才能唤起学生强烈的求知欲，使学生爱好数学，学好数学呢？下面结合自己多年来的教学实践，谈几点体会．

一、创设生动的情景导入，使枯燥的数学课堂变得生动有趣

老师们评课时都在说："上课的第一锤要敲在学生的心灵上，以激发他们心灵的火花，或者要像磁石一样把学生牢牢地吸引到讲台上．"也就是说，上课时，教师要创设出好的开头，使上课一开始就能深深地吸引住学生的注意力，以点燃他们求知欲望的火花，让他们能情绪饱满地主动地去接受新知识．为此，教师必须根据教学内容和学生实际，精心设计每一节课的开头导语，用别出心裁的导语和情景设置来激发学生的学习兴趣，让学生主动地投入到学习中．记得有一次，我在教学小学人教版二年级下册"简单的排列与组合"时，上课前先让三个孩子戴上面具分别扮演熊大、熊二和光头强做游戏．情景中有这样一个镜头："他们准备到喜洋洋家过生日，想不到的是走到半路下起了雨．"而当时，只有熊大和光头强拿了雨伞，便问孩子们："你们能帮他们想想办法该怎样打伞吗？"情景和问题一出，孩子们就

情不自禁地举起了小手，跃跃欲试，学习兴趣顿时高涨了．创设引起学生兴趣的情景导入，能激发学生的学习兴趣，使枯燥的数学课堂变得生动有趣．

二、利用远程教育和多媒体教学来激发学生的学习兴趣，使数学课堂更加精彩

多媒体教学形象具体，动静结合，声色兼备，所以恰当地加以运用，可以变抽象为具体，可以充分调动学生各个感官的协同作用，解决教师难以讲清、学生难以听懂的内容，从而突出重点，突破难点．例如，在讲解"圆的面积"一课时，为了让学生更好地理解和掌握面积计算方法这一重点，我先在电脑上画好一个圆，接着把这个圆分割成相等的两部分，共16小份，然后通过动画方式把这两部分交错拼好，这样就拼成了一个近似的长方形．我反复演示了几遍，学生们明白了：这个近似的长方形面积与原来的圆的面积是完全相等的．我再问学生："你们还发现了什么？这个近似的长方形的长、宽与圆的什么有关？"之后，师生一起导出了圆的面积计算公式．这样的教学，大大提高了教学效率，培养了学生的空间想象能力，同时激发了学生的学习兴趣，使数学课堂更加精彩．

三、通过操作来激发学生的学习兴趣，使枯燥的数学课堂变得活跃

操作是学生获取知识的重要途径，也是教学的有效手段之一．特别是低年级学生，年龄较小，好奇、好动、爱模仿，若在教师的组织下让他们人人都动手，如让他们分一分、数一数、画一画、摆一摆、拼一拼等，他们可在动手操作过程中获取新知识．如在教学"数的组成"时，我让每位同学拿出7根小棒；有的同学没带小棒，就让他们用水彩笔代替……当大家都拿出7根小棒后，我让他们把这些小棒分成两堆，怎样分呢？有的分成了3根和4根，有的分成了2根和5根，

又通过总结得出：7可以分成1和6，1和6可组成7；7可以分成2和5，2和5可组成7；7可以分成3和4，3和4可组成7．这样通过动手操作，把抽象的内容形象化，使学生掌握了数字7的组成；同时也培养了学生思维的有序性，调动了学生思维的积极性，激发了学生的学习兴趣，课堂也更加活跃了．

四、利用数学游戏来激发学生的学习兴趣，使枯燥的数学课堂不再沉默

根据数学学科特点和小学生好动、好奇、好胜的思维特点，设置游戏活动，把新知识寓于游戏活动之中，通过游戏使学生对新知识产生求知欲望，让学生的注意力处于高度集中状态，在游戏中学习知识、发展能力，提高学习兴趣．例如，在课堂训练时，可组织100分抢答游戏，每题5分，把全班同学分为4组，每组选2名学生作代表．然后由教师提出问题，让每组参赛的学生抢答，以积分多为胜．学生在游戏中，大脑处于高度兴奋状态，注意力高度集中，便在不知不觉中学到了不少有用的知识，同时受到了正确的数学思维方法的熏陶．又如：为了提高学生计算的准确性，我设计了帮助小白兔找家的游戏，即：把写有得数的多座小房子图片贴在黑板上，在一群小白兔图片的头上写有数学题，让小白兔找家．老师再把游戏编成故事讲给同学们听："一群小白兔外出找食物，在回家的路上迷了路，谁能帮助小白兔找到自己的家？"同学们听了都争先恐后地帮助小白兔找家，课堂气氛顿时活跃起来，大家积极动脑筋算题．这样可使学生在游戏中进行计算，提高了计算的准确性，而又不使学生感到单调、乏味，有力地激发了学生的学习兴趣，使枯燥的数学课堂不再沉默．

五、巧妙设计练习题来激发学生的学习兴趣，使枯燥的数学课堂变得有滋有味

练习是巩固所学知识、形成技能、发展智力的重要手段．练习题

设计得好，不仅能巩固新知识，发展学生的思维，还能使学生心情愉悦，精神振奋．教学中，我在设计练习题时，力求做到分层设计，题目形式多样，讲究实效；题的内容既要面向全体学生，又要兼顾个别学生．做练习题时，师生间经常讨论甚至争论，同学之间也经常互测、互批；若还能加强直观演示和学具的使用，注意一题多变、多问、多解，那么学生通过练习就可以掌握新知识，提高学习能力．在教学过程中，当发现学生学习的积极性不高，学习懒散时，我就给他们找一些数学趣味题做，以激发他们的学习兴趣．如下面这三道题：

1. 一辆公交车里有15位乘客，到站后下去了10位乘客，然后又上来8位，现在车厢里的人是多了，还是少了？

2. 18位同学玩捉迷藏游戏，走了3位男生，又跑来5位女生，现在玩捉迷藏的人还是18人吗？是多了，还是少了？

3. 爸爸给小芳14元钱，妈妈给小芳5元钱，小芳买水彩笔用了6元钱，现在还剩多少元钱？

学生刚开始做这些题时，基本上都是用两步计算来解，缺乏兴趣．然而，当他们发现有人只用一步算式就能解时，有的同学不服气了，于是积极地去寻求简单的算法，这样全班同学都动起来了，到最后几乎每个同学都有了自己的简单算式，学习热情顿时高涨了．所以，在教学过程中经常组织学生进行这样的训练，不仅可以调动他们的学习积极性，还可以激发他们的学习兴趣，锻炼他们的大脑，开拓他们的思维．从此以后，我们每周都进行一次这样的练习．

提高教学质量是在教师指导下双方共同努力的结果．学生自己也只有积极主动地进行学习，才能有效地、独立地获取知识并应用知识．知识、智力和兴趣关系密切，而小学生的行为在很大程度上受他们的情感来支配，所以，教师应根据小学生的心理特点，有意识地创造良好的课堂氛围，以培养学生热爱学习的情感，这样他们才能对所学学科产生兴趣．因此，教师要教给学生学习方法，使他们运用正确的学习方法，顺利地掌握知识，从而体验成功的乐趣，增添学习兴趣；同时还要设计符合学生学法的教学方法,并结合知识进行学习方法的指导和训练,以使学生掌握获取知识的"金钥匙".总之,只有让学生在"玩中学,学中乐",才能不断地激发学生的学习兴趣,使枯燥的课堂活跃起来,达到提高教学质量的目的.

互联网+时代小学数学微课教育对策

互联网+时代的到来，加快了新课改在教育领域的普及速度，使得教育领域中的教学理念、方法及模式等得到了创新及完善，且在很大程度上提高了各学科的教学质量．微课就是基于互联网+及新课改产生的一种新型教学模式，已经被应用于各学科教学中．所以，在该形势的影响下，小学数学教学中也应用了微课教学模式，并取得了良好的应用效果，有效提高了小学数学教学质量．对此，本文基于相关文献，对互联网+时代小学数学微课教育对策进行了详细分析．

小学数学教育在互联网+时代的推动下，不仅在教育理念上得到了转变，还在教学方法及教学模式上得到了创新，使得小学数学教学质量得到了有效提升．而微课则是当下应用较为广泛的一种新型教学模式，具有很强的信息化及网络化特点，符合互联网+时代的教育教学要求．微课的应用能够增加教学的趣味性，将数学的重难点知识凸显出来，使得学生能够在短时间内理解、记忆并应用重难点知识，从而提高学生数学学习的有效性，使课堂变得高效．为此，下文先简单概述"微课"，然后分析微课应用的重要性及不足，最后分析具体的应用教学对策．

一、"微课"的简单概述

"微课"，简单来说就是利用信息技术和认知规律将碎片化的知识内容，集中并整合成结构化和系统化的教学资源，然后以视频的形式展示给学生，让学生通过观看视频就能够学习并应用知识．

"微课"的特点：

1. 时间短：绝大多数微课视频在 5~8 分钟.

2. 内容较少且精：多数微课视频以重难点内容为主.

3. 资源容量小：微课视频资源总容量约为几十兆.

4. 能够支持多种视频格式及网络在线观看，诸如笔记本电脑、手机等.

5. 具有很强的灵活性及开放性.

二、作用及不足

1. 作用.

（1）激发学生的兴趣. 多数微课视频可播放时间为 5~8 分钟，因此，为保证视频能够尽快吸引学生的注意力，激发学生的学习兴趣，老师会在视频中融入很多趣味生动的图像、标志及表情等.

（2）优化教学环境. 微课是在互联网+时代背景下产生的，用到了各种各样的信息技术及网络技术，而这些技术基本都有图像功能、视频功能及音响功能，因此，它能够营造出轻松愉快的学习氛围，而且在优化教学环境的同时，增加了教学内容的趣味性，提高了学生学习的积极性及自主性，强化了学生的实践能力.

（3）丰富教学资源，实现资源共享. 微课因为具有网络化及信息化特点，具备了信息实时传送及储备功能，进而实现了信息共享，使得老师的教学资源不断得到丰富.

2. 不足.

采用微课教学虽然具有上述优点，但也存在一些不足，如教学目标很难确定、扩大学生差异、增大教学难度、时间很难控制等问题，这在一定程度上影响了微课教学质量及效率. 例如，在教学"长方形和正方形"时，因为长方形和正方形的很多知识点相似，很多老师为了节省时间而将长方形和正方形的知识点融合进行教学. 这样做虽然方便了老师，但因为各种抽象概念及重难点知识多，无形之中又增加了微课视频时间而且难度也加大了，致使相应的教学目标没有得到明确，最后的微课教学效果不尽如人意，甚至打击了学生学习的积极性.

三、微课在小学数学教学中的合理导入策略

1. 选择针对性强且合理的教学内容.

制作微课视频时，要选择针对性强且合理的教学内容，为此，教师要注意做到以下几点：

（1）观察学生，研究教材，并归纳重难点内容，然后将这些重难点知识整合成短视频.

（2）结合学生实际，制订微课教学方案，并根据已经编制好的微课视频搜集相关素材及资料，以便课堂上及时为学生进行补充和说明.

（3）微课教学内容选择好后，需要明确教学目标，避免教学内容与学生实际相脱离.

（4）控制好微课教学内容的难度，不能太难也不能太简单，尽量将重难点知识转变成简单易懂的教学视频，以降低学生的学习难度，提高学生学习的有效性.

例如，在教学"圆形面积"时，老师首先根据教材内容找出重难点，诸如圆周率、直径、半径及面积计算公式等；其次，利用互联网+搜集相关教材资料，结合重难点知识制作微课视频，以保证微课视频的针对性、趣味性及有效性；最后，控制视频时间，尽量将时间控制在 8 分钟以内，以便让学生能够集中精力去认识不同面积的圆形，并学会计算圆的面积.

在"圆形面积"微课教学任务完成后，老师还可以播放之前学过的三角形、正方形及四边形等相关教学视频，以帮助学生巩固基础知识，同时引导学生对圆形与其他图形进行区分，从而加深学生对圆形性质、圆形面积计算等知识点的理解和记忆.

2. 控制微课教学节奏.

首先，要控制好微课教学时间，一般不能超过 15 分钟，以免长时间视频播放转移学生的注意力；其次，要根据学生的性格特点、

学习能力，控制微课教学内容的难度，避免难度太大或者太小，影响学生学习的积极性；最后，尽量留取时间和空间，方便学生自主学习和探讨．

例如，在教学"加减综合运算"时，老师可以将几种常见的加减法综合运算等式集中放到 5 分钟左右的短视频中，然后留取 10 分钟时间让学生自主学习和探讨，以加深学生对加减法综合运算的理解和记忆，同时强化学生的自主学习能力及数学计算能力．

3．加强课件审查．

老师在制作完成微课视频后不能直接导入课堂，而是要反复检查课件，以便发现和解决课件中的问题．检查内容包括微课教学目标是否明确、重难点知识是否突出、教学内容与学生实际是否相符、图像及视频是否清晰、微课时间及难度是否适中，等等．这样既能够激发学生学习的兴趣和积极性，又能够有效提高微课教学质量，同时促进小学数学教育教学信息化及网络化的发展．

四、结束语

小学数学教学质量的提升一直备受人们的关注和重视，而微课教学模式的应用则是打造高效小学数学课堂的关键，因此，微课教学模式被当作提高小学数学教学质量的重要教学途径．微课与互联网+时代的教育要求相符，它能够激发学生的学习兴趣、优化教学环境、丰富教学资源，所以，越来越多的小学数学老师在实际教学中应用了微课教学模式．因此，本文基于对微课教学模式的了解，从教学内容选择、教学节奏控制及课件审查等方面分析了具体的应用方法，希望对实际的小学数学教学工作起到积极作用．

浅议小学数学课堂的有效性

如今,随着新课改的逐步深入,我们的课堂发生了翻天覆地的变化:教师由前台退到了后台,学生从台下走到了台上;以前学生是"纹丝不动""亦步亦趋""雅雀无声",如今学生是"自主活动""合作探究""畅所欲言";课堂里充满了笑声、讨论声、表扬声,学生的个性得到了张扬,课堂气氛变得异常活跃.然而,在这热闹非凡的背后,学生到底掌握了多少知识,提升了多少能力?又如何才能让学生在愉悦、和谐的氛围里自主学习、共同探索?又如何才能让课堂更加有效?这是作为前线教师的我们不得不思考的一个问题.下面我结合20年来的从教经验,谈谈如何让学生在宽松、愉悦的课堂氛围里主动地学习,如何提高学生参与的广度和深度,以及知识的达成度和能力的形成度.

一、激情(激趣)导入是有效课堂的前提

俗话说,爱好是最好的老师,兴趣是最大的动力,只有学生感兴趣的课堂,才称得上是积极的课堂,主动的课堂,才算是学生智慧碰撞的课堂,有效的课堂.那么如何培养学生的兴趣呢?我在进行"平行四边形面积"教学时,运用了老爷爷分地引起大牛和二牛不满,都怪老爷爷偏心的动画视频,以激起学生的求知欲,而学生也想去探个究竟,弄明白老爷爷到底公不公平,所以整节课学生参与的积极性很高、主动性很强.

二、恰当的活动和问题设置是有效课堂的关键

现代教育理论主张，学生的学习不是被动接受的过程，而是主动构建的过程．因此，我们要在读透教材、学透课标、研透学生的基础上将相关知识转化为活动载体，让学生在活动中去探索、去体验、去发现、去总结，而教师要深究的是每一个问题与本节课的内容有没有关系，学生能否回答，会不会引起歧义，对学生思维能力的提升有没有作用，等等．也只有这样才能确保每一个问题都能体现其自身的价值，最终为教学服务．例如：在进行"平行四边形面积"教学时，我设置了一个面积公式的探究活动，让学生去探究怎样才能将平行四边形转化成已经学过的长方形．在这一活动中，我采取了同桌小组剪拼，四人小组探讨的方式，同时让学生观察怎样剪拼？讨论为什么要沿着高剪拼？有几种剪法？分别拼成了什么图形？通过观察拼成的长方形的面积与原平行四边形的面积的大小，长方形的长和宽与平行四边形的底和高的大小的关系，学生最终推导出：平行四边形的面积等于底乘以底边上的高．这样，在整个过程中，学生们人人有事做．即在问题引导下，学生通过亲身经历面积公式的推导过程后，充分感受到转化方法在数学学习中的重要性，而在汇报展示过程中充分培养了学生的语言素养．这样既建立了平行四边形面积公式的计算模型，又充分体现了"学生数学学习的过程充满了观察、实验、猜想、验证、推理与交流等丰富多彩的数学活动，有效避免了重表现轻体验、重形式轻实质、重主体轻主导、重结果轻过程的现象．"

三、关注课堂的动态生成，巧妙引导是有效课堂的保证

现代课堂教学理念主张学生要自主学习，但不是自由学习，教师要充分发挥主导作用，在组织课堂教学的过程中，要时刻关注学生的学习情况，捕捉学生的眼神、表情和动作等．学生在课堂上想什么、说什么、探索到什么、体验到什么等应成为课堂评价的重点，教师要及时捕捉学生在课堂上的学习资源，引导学生进行深层次的研究．那

么，如何才能保证教学的有效性呢？在进行"平行四边形面积"教学时，我设置了这样一个问题：已知平行四边形的两个底和两条高，一组是6和4，另一组是5和4.8，如何求它的面积．在观察学生做题时发现，有的学生运用了 6×4.8．对此，我并没有急于去否定，而是问问其他学生，让他们看看，这样做到底对不对？为什么不对？这再次引发了学生们的讨论，他们在老师留给他们的广阔的活动空间中，去探讨、去总结，最终得出结论：在求平行四边形的面积时，要用底乘以与其对应的高．这有效渗透了对应思想．蔡林森说："概念、定律、道理由教师嘴里讲出来就不值钱了，一定要让学生自己去发现、去讨论、去总结，只有这样学生才能记得牢固."

四、精当的练习是有效课堂的补充

学生的知识构建不是一蹴而就的，它需要适当的练习加以巩固．通常情况下应该设置三个层次的练习：一是基础练习，巩固我们所学模型的知识；二是变式联系，增强学生灵活运用知识解决问题的能力；三是提升练习，有效地将课堂延伸到课外，将知识转化为能力．例如：在进行"平行四边形面积"教学时，我设置了如下问题：已知一个平行四边形的底是20厘米，底边上的高是5厘米，求它的面积是多少；已知一块平行四边形土地的面积是90平方米，知道其中一边上的高是6米，求高对应的底是多少米；第三题是同底等高的两个平行四边形的面积大小比较．这样的习题设置既有效巩固了面积公式模型的知识，又巧妙突破了等底等高的平行四边形面积计算这一难点．

当然，随着新课改向纵深发展，提高数学课堂教学的有效性远不止以上这些要求，要结合教材和本班的实际情况，潜心钻研，勇于探索，处理好创新与继承的关系，抛开形式主义的束缚和功利主义的诱惑，有效开展数学课堂教学．只有数学课堂教学的有效性提高了，才能确保学生学习的有效性，才能真正让学生人人学有价值的数学，人人都能获得必需的数学，不同的人在数学上得到不同的发展．

第二部分

课堂新方法

　　小学是学生学习基础知识和掌握能力的重要阶段.教师在小学阶段的教育教学工作中,应该以学生的知识学习、能力提升与智力开发为教学目标.随着新课程标准理念的不断深入,传统教学方式的弊端不断暴露,如何在小学数学教学中展开教学方法的创新研究成为当下开展教学工作首要思考的问题.通过对小学阶段学生进行充分的教育,能够有效提高学生的学习效率和学习质量,这对于学生未来的学习与发展都具有重要意义.

"正方体涂色问题"教学设计

【教学内容】人教版五年级数学下册第三单元长方体和正方体.

【教学目标】

知识与技能：借助正方体涂色问题，通过实际操作、演示、想象、联想等发现小正方体涂色和位置的规律.

过程与方法：在探索规律的过程中，经历从特殊到一般的归纳过程，获得一些研究数学问题的方法和经验.

情感态度与价值观：在解决问题的过程中，感受数学的有趣，激发主动探索、勇于实践的精神，以及实事求是的科学态度.

【教学重点】找出小正方体涂色以及它所在的位置的规律.

【教学难点】正确数出每种涂色的小正方体的个数.

【学情分析】

学生不是第一次接触此类问题，此前学习的"日历上的数学""植树问题"等均属于这一范畴.关于这些内容的学习，在找规律以及解决复杂问题的过程中，均渗透了化繁为简的思想，学生已经具有一定的逻辑思维能力和综合运用所学知识解决问题的能力.另外，本节课涉及的正方体特征对刚刚学完的知识具有很好的巩固和拓展作用.

【教学方法】

1. 本节课采用独立思考和小组合作探究等形式的学习方式.

2. 课前以问题的形式提出问题以激发学生的学习兴趣，课中解决问题意在培养学生解决问题的能力.

3. 借助多媒体资源把教学中的抽象问题直观化.

【教学过程】

一、创设情境

魔方与华容道、独立钻石棋一起被国外智力专家并称为智力游戏界的三大不可思议问题，而魔方受欢迎的程度更是智力游戏界的奇迹．

你们喜欢玩魔方吗？

你们知道这些魔方分别是几阶魔方吗？

如果把这些魔方的六个面都涂上颜色，切成小正方体，那么小正方体根据涂颜色的面的不同，可以分成几类？（三面涂色、两面涂色、一面涂色和没有涂色）

你们知道，5 阶魔方中，三面涂色的有（　　）块，两面涂色的有（　　）块，一面涂色的有（　　）块，没有涂色的有（　　）块．

这就是今天这节课我们要探索的问题——正方体涂色问题．

二、探究新知

5 阶魔方有一点复杂，我们可以先研究 2 阶和 3 阶魔方，从中总结出规律，然后再得到 5 阶魔方的特征．这就是化繁为简的数学思想．

1．学生独立完成自学导读单中的内容．

温故知新

填空：

（1）正方体有（　　）个顶点，（　　）个面，都是（　　）形，（　　）条棱，长度都（　　）．

（2）正方体的体积=（　　）×（　　）×（　　）．

（3）2阶魔方由（　　）个小正方体组成，3阶魔方由（　　）个小正方体组成，4阶魔方由（　　）小正方体组成．

学生汇报结果．

2．学生先独立思考后小组讨论．

新课先知

（1）三面涂色的小正方体在魔方的什么位置？

（2）两面涂色的小正方体在魔方的什么位置？

（3）一面涂色的小正方体在魔方的什么位置？

（4）有没有没有涂色的小正方体，它在魔方的什么位置？

以小组的形式上台汇报讨论结果．

3．根据上面讨论的结果，完成下表．

自学检测

	三面涂色的块数	两面涂色的块数	一面涂色的块数	没有涂色的块数
2阶魔方				
3阶魔方				
4阶魔方				
5阶魔方				
6阶魔方				

4．小组讨论．

分层训练

	三面涂色的块数	两面涂色的块数	一面涂色的块数	没有涂色的块数
n阶魔方				

5．课堂练习．

5阶魔方：三面涂色的有（　　　）个；两面涂色的有（　　　）个；一面涂色的有（　　　）个；没有涂色的有（　　　）个．一共由（　　　）个小正方体组成．

三、课堂小结

这节课你收获了什么？

四、拓展延伸

1．如果摆成下面的几何体，你会数吗？

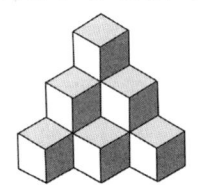

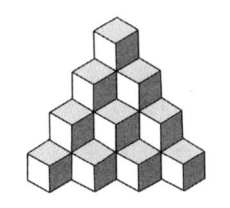

2．去掉一个涂色的正方体后，图形的表面积有变化吗？

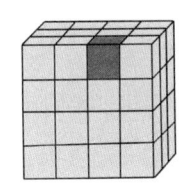

【教学反思】

本节课由学生感兴趣的魔方引入新课，激发了学生的学习兴趣．及时抛出一个问题：如果在5阶魔方的表面涂上颜色，切割成小正方体，那么，三面涂色的有多少块？两面涂色的有多少块？一面涂色的有多少块？没有涂色的有多少块？由此引入课题．

在教学新知中渗透了化繁为简的数学思想，利用自学导读单（温故知新、新课先知、自学检测、分层训练和拓展延伸），以小组合作等

形式组织教学. 教学后, 教研组集体讨论发现了以下几方面的问题:

1. 影响教学效果的主要原因是学生的抽象思维还没有完全形成, 对两面涂色和一面涂色及没有涂色没有形成空间概念, 只有在教师的引导下才能得出 "$(n-2) \times 12$" 与 "$(n-2) \times (n-2) \times 6$" 及 "$(n-2) \times (n-2) \times (n-2)$" 这样的表达式, 在这个过程中, 由于担心时间问题替代学生总结了一些结论.

2. 为了进一步突破重难点, 设计比较直观的、能转动的正方体课件或教具的任务情境会更有效.

3. 为了进一步突破重难点, 把学生分成有目的的学习活动小组会更有效, 意在培养学生的独立思考能力.

4. 为了进一步突破重难点, 应用能把抽象事物直观化的教学资源或软件会更有效. 例如: 制作一个 3 维的正方体, 先让学生转动看到正方体的六个面, 并在三个面、两个面、一个面涂上不同颜色; 或用语言加图像的形式让学生直观地感知不同涂色的面在正方体的不同位置.

"鸽巢问题"教学设计[①]

【教学内容】人教版六年级数学下册.

【教学目标】

知识与技能：

1. 理解最简单的"抽屉原理".

2. 引导学生通过操作的方法进行枚举或用"假设法"探究"抽屉原理"，通过分析和推理，理解并掌握"抽屉原理"的最基本形式.

过程与方法：通过观看微视频，学习"抽屉原理"的推理过程，归纳总结这类数学问题的解决方法.

情感态度与价值观：体会数学知识在日常生活中的广泛应用，培养探究意识和数学模型思想.

【教学重点】通过观看微视频，初步了解"抽屉原理".

【教学难点】初步理解"抽屉原理"，能口头表达推理过程.

【教材分析】

1. 抽屉原理是一类较为抽象的数学问题，难度较大. 本单元教材以学生熟悉的或者感兴趣的材料作为学习素材，可以提升学生学习的积极性，缓解学习难度带来的压力；例题的编排关注细节，充分考虑学生学习的重、难点.

2. 本单元安排了三道例题，有着各自不同的作用：

例1描述的是"抽屉原理"最简单的情况.

例2描述了"抽屉原理"的一般形式.

例3是"抽屉原理"的具体运用，是一个运用逆向思维来解决问题的例子.

[①] 基于班班通环境下的"四段式"信息化教学模式.

【学情分析】

学生已经是六年级学生,对语言文字的理解有了一定的基础,他们能理解"总是""至少"等关键词,并能对简单的数学知识进行归纳和总结.

【教学策略】

课前通过玩抽扑克牌游戏,激发学生的学习兴趣,引发学生的数学思考.然后通过观看微视频使学生了解"抽屉原理"的探究过程,归纳总结出解决这类问题的数学公式,进而培养学生的探究意识和数学模型思想.

【课前准备】"班班通"教室,"抽屉原理"教学微视频.

【教学过程】

一、导入新课

上课前,我们先来热身一下,玩抽扑克牌游戏.这里有一副扑克牌,去掉了两张王牌,还剩52张,我请五位同学每人任意抽1张,不要让老师看到你抽的是什么牌.但我可以肯定地回答同种花色的至少有 2 张.你们知道这是为什么吗?这里蕴含了一个有趣的数学原理——抽屉原理.今天我们就用杯子和铅笔来研究这个原理.(板书课题:抽屉原理)

二、新知学习

播放"抽屉原理"微视频.

三、知识内化

教师出示课前自主学习任务单.

四、课堂测评

教师出示课堂学习任务单：

1. 课始检测.
2. 进阶作业.
3. 协作探究.
4. 拓展延伸.

附件1：

基于班班通环境下的"四段式"信息化教学模式

"鸽巢问题"导学案

教学内容：人教版六年级数学下册.

学习目标：

知识与技能：通过"抽屉原理"的探究过程，初步了解"抽屉原理"，会用"抽屉原理"解决简单的实际问题.

过程与方法：通过操作，发展类推能力，形成比较抽象的数学思维.

情感态度与价值观：通过"抽屉原理"的灵活运用，感受数学的魅力.

教学重点：经历"抽屉原理"的探究过程，初步了解"抽屉原理".

教学难点：理解"抽屉原理"，并对一些简单的实际问题加以"模型化".

学习方法：合作交流，练习体验.

教学准备："班班通"设备、微视频、课件.

教学任务：

1. 活动一 研究把4支铅笔放进3个杯子里.

2. 活动二 能不能用简便的方法得出这个结论？小组讨论，简便的方法是什么？

3. 活动三　研究把 5 本书放进 2 个抽屉里.

4. 活动四　研究把 6 本书放进 2 个抽屉里.

5. 活动五　归纳总结规律，并用字母表示.

学习预测：学生能在理解"总有""至少"这两个词的基础上，运用除法方法得到解决抽屉原理的方法.

拓展任务：能有效地运用抽屉原理解决现实生活中的实际问题.

附件 2：

基于班班通环境下的"四段式"信息化教学模式

"鸽巢问题"课前自主学习任务单

一、学习指南

1. **课题名称**：人教版六年级下册数学第五单元数学广角——鸽巢问题.

2. **达成目标**：

（1）通过观看微视频，初步了解"抽屉原理"，会用抽屉原理解决简单的实际问题.

（2）通过完成自主学习任务单，发展类推能力，形成比较抽象的数学思维.

3. **学习方法建议**：交流讨论，总结规律.

4. **课堂学习形式预告**：

游戏激趣（学习准备）→观看微视频（新知学习）→小组研讨、完成"学习任务单"（知识内化）→分层完成"学案"（课堂测评）.

二、学习任务

通过观看教学录像自学，思考以下问题：

1. 把 4 支铅笔放进 3 个笔筒里，不管怎么放，为什么总有一个笔筒里至少要放 2 支铅笔？

（1）"总有"和"至少"是什么意思？

（2）请你用铅笔来摆一摆，看看是不是至少有一个笔筒里要放 2 支铅笔．

（3）也可以把 4 分解一下来证明这句话．请你写一写．

从中可以发现：至少有一个笔筒里要放_____支铅笔．

（4）我们可以假设每个笔筒里放 1 支铅笔，那么最多放_____支，还剩下_____支．剩下的这 1 支铅笔还要放进其中的一个笔筒里，所以_____．

2. 把 7 本书放进 3 个抽屉里，不管怎样放，总有一个抽屉至少要放 3 本书．为什么？

可以列式：7÷3=（　　　）（本）…1（本）

说说你的想法：

3. 把 8 本书放进 3 个抽屉里，会怎样呢？10 本书呢？
你发现了什么？

附件 3：

基于班班通环境下的"四段式"信息化教学模式

"鸽巢问题"课堂学习任务单

一、学习指南

1. **课题名称**：人教版六年级下册数学第五单元数学广角——鸽巢问题．

2. **达成目标**：通过完成课堂学习任务单，发展类推能力，形成比较抽象的数学思维．

3. **学习方法**：小组合作．

二、学习任务

（一）课始检测

1. 做一做，看看你有什么发现？

（1）把 4 个苹果放进 3 个抽屉里，有几种方法？试着列一列．

（2）把 5 个苹果放进 4 个抽屉里，有几种方法？试着列一列．

（3）把 6 个苹果放进 5 个抽屉里，有几种方法？试着列一列．

通过以上三道题，你发现了什么？

2. 把 10 只兔子放入 4 个兔舍里，至少有 3 只兔子要放入同一个兔舍里，为什么？

（二）进阶作业

1. 5 个人坐 4 把椅子，总有一把椅子至少要坐（　　　）人．

2. 在任意挑选的 13 位同学中，至少有几个人的属相相同？

3. 希望小学六年级学生中有 32 名学生是 1 月份出生的，那么其中至少有几个同学的生日是在同一天？

（三）协作探究

1. 11 只鸽子飞进 4 个鸽笼，总有一个鸽笼里至少飞进（　　）只鸽子．

列式为：(　　　　　　　　　)．

2. 把 26 只羊赶进 5 个羊圈，肯定有一个羊圈内的羊不少于 6 只，为什么？

（四）拓展延伸

3 名小朋友做游戏，至少有 2 名小朋友的性别是相同的，对吗？为什么？

"节约用水问题"教学设计

【教学内容】人教课标版九年制义务教育小学数学第十二册第五单元数学广角，教材第74～75页相关内容.

【教学目标】

知识与技能：进一步巩固比例知识及简单的统计知识，培养综合应用所学知识的能力；培养搜集并处理信息的能力，感受数学和实际生活的联系；了解我国的水资源现状，养成节约用水的良好习惯.

过程与方法：培养数感和估算能力；培养思维的开放性；经历搜集、整理、分析数据的学习过程，深刻体验生活中处处有数学.

情感态度与价值观：在教学中结合教学内容，渗透如下内容：

《中华人民共和国水法》第八条　国家厉行节约用水，大力推行节约用水措施，推广节约用水的新技术、新工艺，发展节水型工业、农业和服务业，建立节水型社会. 各级人民政府应当采取措施，加强对节约用水的管理，建立节约用水技术开发推广体系，培育和发展节约用水产业. 单位和个人有节约用水的义务.

第九条　国家保护水资源，采取有效措施，保护植被，植树种草，涵养水源，防治水土流失和水体污染，改善生态环境.

从而培养学生的社会责任感.

【教学重点】搜集60秒钟水龙头的漏水量，进行测量分析.

【教学难点】结合实际提出合理的节约用水方案.

【教学准备】多媒体课件.

【教学过程】

一、创设情境

多媒体课件出示江、河、湖、海、小溪等有水的画面.
教师：水有什么用处？
（生活中吃、喝、洗……）
（农业中花、草、庄稼等农作物的灌溉……）
（生产中……）
教师小结：水在我们的日常生活中起着举足轻重的作用，我们一天也离不开水.

二、课题导入

教师：我们一天也离不开水，那么我国的水资源现状是怎样的呢？
这就是我们今天要学习的内容，这里面有许多数学知识，让我一起来研究吧！
教师：水在我国古代文人笔下是美的根源，水一直被人们形容为"取之不尽，用之不竭"的，可我在前不久发现了这么一幅宣传图片（多媒体出示：节约用水，关"住"点滴），我就觉得奇怪了：那么多的水，有必要在乎这一个小小的水龙头的点滴漏水量吗？

三、了解水资源的现状与水知识

教师：请同学们把课前老师安排你们搜集有关水的资料说出来听一听，谈谈你们的观点.
（多媒体课件出示）
我国的水资源人均占有量只有 2300 立方米，是世界人均水量的四分之一，排在世界第 121 位，是世界 13 个贫水国家之一. 在我国的 600 多个城市中，有 400 多个城市缺水，其中有 110 个城市严重缺水.

人类的浪费、环境的恶化导致世界上一些国家和地区用水频频告急．因为缺水，大片良田干涸，颗粒无收；因为缺水，沙漠正一步步吞噬着生机盎然的绿洲；因为缺水，人们的日常饮用水受到严重威胁．当我们看到这些画面时，我们是否感到心情沉重难过，我们需不需要发出这样的呼喊："节约用水"．（板书课题）

四、法制渗透教学

多媒体课件出示：

今天是几月几日？你知道世界水日是几月几日吗？（每年的3月22日）

《中华人民共和国水法》第八条　国家厉行节约用水，大力推行节约用水措施，推广节约用水的新技术、新工艺，发展节水型工业、农业和服务业，建立节水型社会．各级人民政府应当采取措施，加强对节约用水的管理，建立节约用水技术开发推广体系，培育和发展节约用水产业．单位和个人有节约用水的义务．

第九条　国家保护水资源，采取有效措施，保护植被，植树种草，涵养水源，防治水土流失和水体污染，改善生态环境．

五、探究学习

这不看不知道，一看吓一跳．原来我们的水资源不但不是"取之不尽，用之不竭"的，而且还非常少，看来这保护水资源的问题已是刻不容缓了，这关"住"水龙头点滴漏水量的宣传还真不是危言耸听．

探究一：一个水龙头一天的滴水量？

第一步：提出问题：

1. 教师：（指着多媒体课件——没关水龙头的画面）这一个滴水的水龙头一天大约浪费多少立方米的水？

2. 提出疑惑．

第二步：解决问题：

你觉得可以用什么样的方法去测量？

课前老师安排每个小组长测量了一个水龙头在 60 秒内的滴水量，下面请各小组长汇报测量结果．

每个水龙头的滴水速度一样吗？怎样才能表示全班同学调查的水龙头漏水量的一般水平呢？

生：用这组数据的平均数．

师：现在请同学们用计算器算出这组数据的平均数，即每一分钟水龙头的滴水速度、一小时滴水量、一天滴水量．

探究二：一个水龙头一年浪费多少立方米的水？

1. 提出问题：按照这个水龙头的滴水速度，一个水龙头一年浪费多少立方米的水？

2. 学生用计算器计算．

3. 汇报结果．

探究三：你们家有水龙头漏水现象吗？计算一下，如果平均一个家庭有一个水龙头漏水，那么全国 1.5 亿个家庭，又会浪费多少呢？

1. 提出问题：1.5 亿个家庭，又会浪费多少？

2. 学生计算：

3. 汇报：

六、深化应用

1. 根据以上所学，我们用水时，要注意什么？

2. 小组讨论：结合实际提出一个有效的节约用水方案．

七、板书设计

节 约 用 水

一小时滴水量：_____

一天滴水量：_____

结论：一个滴水的水龙头一天大概浪费_____立方米（约等于_____毫

升，约等于____升）的水．

一年用365天计算：_____．

结论：一个滴水的水龙头一年浪费大约____立方米的水．

【教学反思】

本节课设计及教学主要体现了以下几点：

1．认真钻研教材，结合学生实际科学合理地整合教学内容．对"节约用水"这节课，没有把它简单地作为一个数学知识点来教学，也没有把结论强加给学生，而是根据教学内容和学生的实际情况，对教材进行了挖掘和深加工．例如：利用电视、报刊及网络等资源，让学生搜集有关淡水资源的各种信息，生成教学内容，使知识的呈现具有科学性、趣味性和多样性，使学生都能参与到信息搜集的活动中来，体现了教育的公平性，同时让学生在大量的信息中感受到节约用水的必要性和紧迫性．

2．在教学中结合教学内容渗透了《中华人民共和国水法》第八条、第九条．对学生进行法制教育，增强学生的法律意识．

3．创设情景，引入课题．通过学生在实际生活中经常遇到的一个问题，来激发学生的学习兴趣．通过图片资料和学生搜集到的资料，使学生感受到在我国的土地上竟有这么严重缺水的地方，感受水是生命之源．然后让学生阅读教师搜集整理的文字材料，了解地球上水资源是贫乏的．从多媒体提供的情景中，可使学生自己感受到节约用水的重要性，自然引入课题．

4．培养学生的估算意识，提高学生应用数学的能力．教学设计要体现以学生为主体的教学思想，教师只是引导者．学生的学习材料是从现实生活中产生的，让学生体会到自己学习的是有用的数学、是生活中的数学．

5．改变了传统的课堂教学模式，让学生在实际调查研究、观察实验的基础上，进行自主探索、小组合作交流，体验成功．为学生营造生活大课堂，把"节约用水"这个抽象的认识贯穿于课堂教学活动中．课前，让学生查找有关淡水资源的资料，小组长动手测量一个滴水龙头 60 秒钟的滴水量. 课中, 把每人搜集的资料、观察到的现象、实验的过程及结果适时地进行交流.

反思自己的教学, 在今后教学中应关注和改进以下几个问题:

1. 设计的容量大, 牵扯的知识点多, 40 分钟的课堂教学有赶进度的现象.

2. 教师对学生的评价语言不够丰富, 在今后的课堂教学中注意使用激励性语言进行评价.

3. 关注小组合作学习的实效性不够, 使学习有困难的学生没能完全参与到小组合作学习中来.

"分数的基本性质"教学设计

【**教学内容**】义务教育六年制小学数学教科书第十册,107~108页相关内容.

【**教学目标**】

知识与技能:理解分数的基本性质.

过程与方法:能运用分数的基本性质,把一个分数化成指定分母(或分子),而大小不变的分数.

情感态度与价值观:运用分数的基本性质,解决实际生活中的问题.

【**教学重点**】理解分数的基本性质.

【**教学难点**】运用分数的基本性质,把一个分数化成指定分母(或分子),而大小不变的分数.

【**教学设计**】

分数的基本性质是分数内容的基本概念.怎样才能使学生理解和掌握分数的基本性质呢?围绕本节课要达到的教学目标,做了以下设计.

1. 把三张长方形的纸用对折的方法,表示出 $\frac{1}{4}$,$\frac{2}{8}$,$\frac{4}{16}$ 三个分数,使学生直观感知 $\frac{1}{4}=\frac{2}{8}=\frac{4}{16}$,即在动手过程中激发学生的学习兴趣.

2. 整合、处理教材内容,精心设计教学情境.

利用生活中劳动卫生区域的划分,判断 $\frac{1}{4}$,$\frac{2}{8}$,$\frac{4}{16}$ 三个分数的大小.

【教学过程】

一、创设情境，揭示课题

教师：星期五到了，我把学校分配给我们班的一块长方形卫生区域负责情况进行了如下安排：第一小组负责卫生区域的 $\frac{1}{4}$；第二小组负责卫生区域的 $\frac{2}{8}$；第三小组负责卫生区域的 $\frac{4}{16}$．这时，劳动委员举手提问："老师，这样安排不合理，三个小组打扫的卫生区域不一样多．"

教师：同学们，你认为老师安排得合理吗？

这就是我们今天要共同探索的问题——分数的基本性质．（板书课题）

二、探究、感悟新知

1. 通过动手操作使学生体会、感悟 $\frac{1}{4}$，$\frac{2}{8}$，$\frac{4}{16}$ 三个分数的大小．

把三张长方形的纸用对折的方法，表示出 $\frac{1}{4}$，$\frac{2}{8}$，$\frac{4}{16}$ 三个分数，并让学生观察出 $\frac{1}{4} = \frac{2}{8} = \frac{4}{16}$．

2. 从左往右看：$\frac{1}{4} = \frac{2}{8} = \frac{4}{16}$．

（1）它们有什么样的规律？

（2）假如 $\frac{1}{4}$：$\frac{1 \times 3}{4} = \frac{3}{4}$，它们的大小一样吗？为什么不一样？（同时）

（3）假如 $\frac{1}{4}$：$\frac{1 \times 3}{4 \times 2} = \frac{3}{8}$，它们的大小一样吗？（相同）

（4）假如 $\frac{1}{4}$：$\frac{1 \times 0}{4 \times 0} = ?$ 可以这样算吗？为什么？（0除外）

（5）根据上面的例子总结：分数的分子和分母，同时乘上相同的数（0除外），分数的大小不变．

3. 从右往左看：$\frac{4}{16}=\frac{2}{8}=\frac{1}{4}$.

（1）它们有什么样的规律？

（2）假如 $\frac{4}{16}：\frac{4}{16÷2}=\frac{4}{8}$，它们的大小一样吗？为什么不一样？（同时）

（3）假如 $\frac{4}{16}：\frac{4÷4}{16÷2}=\frac{1}{8}$，它们的大小一样吗？（相同）

（4）假如 $\frac{4}{16}：\frac{4÷0}{16÷0}=$？可以这样算吗？为什么？（0除外）

（5）根据上面的例子总结：分数的分子和分母，同时除以相同的数（0除外），分数的大小不变.

4. 让学生自己在体会、感悟基础上，初步讨论、揭示规律.

5. 根据学生的讨论，教师归纳出分数的基本性质：

分数的分子和分母，同时乘以或除以相同的数（0除外），分数的大小不变.

三、课堂练习

1. 根据分数的基本性质填空.

$\frac{1}{3}=\frac{}{6}$；$\frac{10}{15}=\frac{}{3}$；$\frac{1}{4}=\frac{5}{}$

2. 概念辨析：

（1）一个分数的分子和分母，同时乘以或者除以一个数，分数的大小不变. （　　）

（2）一个分数的分子和分母，乘以或者除以一个相同的数，分数的大小不变. （　　）

（3）一个分数的分子和分母，同时乘以或者除以一个相同的数（0除外），分数的大小不变. （　　）

四、应用分数的基本性质解决实际问题

五（1）班男生人数是全班人数的 $\frac{2}{3}$，不改变分数的大小，把它写成分母是 9 的分数.

【教学反思】

1. 设计卫生区域的区划教学情境，主要体现了生活中处处有数学这一思想，让学生带着数学问题走进课堂，有利于激发学生的学习兴趣.

2. 设计在长方形纸上用折的方法折出 $\frac{1}{4}$，$\frac{2}{8}$，$\frac{4}{16}$ 三个分数的教学情境，使学生从直观上感知三个分数是大小相等的.

3. 该节课的另一特点：在挖掘学生理解能力方面下了一定的功夫，体现在不是单纯地局限于学生对概念的理解，而是让学生从具体实例中去理解"同时""相同"和"0除外"这三个关键性词语，同时培养了学生的归纳概括能力.

不过，这节课也存在一些不足和遗憾之处.

合作学习是新的教育理念倡导的一种学习方法，能起到集思广益、群策群力、团结协作的作用. 这一方法运用得当，对学生的数学学习有很大的促进作用. 但本节课在这一环节上还欠火候，这是因为大部分学生没有参与这个探索过程，只有极少数学生主动参与，使合作显得流于形式. 这一问题的出现是教学中的一个老问题，应该引起足够的警惕和重视. 我将在以后的教学中，对合作学习这一环节专门制订一个方案，力争每一次合作都实实在在.

"条形统计图"教学设计

【**教学内容**】人教版四年级上册第七单元"条形统计图"第94页相关内容.

【**教学目标**】

知识与技能：经历搜集整理分析简单数据的过程，体会条形统计图的意义.

过程与方法：了解条形统计图的结构特征和表示数量的方法，能绘制条形统计图，能对数据做简单的分析.

情感态度与价值观：体会统计在现实生活中的作用，感受数学知识与实际生活是紧密联系的，激发学习兴趣.

【**教学重难点**】

重点：读懂用一格表示一个单位的条形统计图.

难点：了解条形统计图的特点，绘制简单的条形统计图.

【**教学过程**】

一、谈话导入

同学们，今天是2021年12月6日，元旦就要到了，大家都在准备开迎新会的事．我们四（9）班的同学也不例外，你们都行动起来了．然而，负责买水果的同学计划买五种水果（苹果、香蕉、桃子、梨、橘子），可是不知道哪种水果该多买一些，哪种水果该少买一些，因为他不知道喜欢哪种水果的同学要多些，哪种要少些，怎么办呢？（调查统计）

（设计意图：通过创设问题情境，激发学生的学习兴趣，使学生带着问题进入到本节课的学习当中去，为探究新知奠定了基础．）

二、探究新知

出示"四（9）班水果喜欢人数情况"情境图．

问：怎样才能知道每种水果喜欢的人数呢？

1．统计数据．

（1）小组交流统计数据的方法．

（2）小组合作进行统计．

（3）小组汇报交流评价．

使学生在交流汇报的基础上，认识画"正"字法统计比较简便．

2．整理数据．

怎样才能清楚地把搜集来的数据表示出来呢？

（1）请同学们用自己喜欢的方法整理好这些数据．

（2）展示学生用象形统计图、统计表整理数据的方式．

（3）比较两种整理形式各自的优点．

（设计意图：使学生经历简单的数据搜集、整理的过程．通过作品展示，使学生感知统计表和象形统计图不同的统计方法及优点，巩固已有的知识，体会"以一当一"的数学含义，为条形图的学习做铺垫．）

3．经历条形统计图的形成过程．

问：你能把两种整理形式的优点结合起来，创造出一种新的整理方式吗？

小组交流讨论，尝试完成．

优化学生整理的方法，出示网格图．

学生观察：

有一条横向的轴是横轴，有一条纵向的轴是纵轴．横轴和纵轴都可以表示人数和水果名称．现在用纵轴表示人数，该怎样表示？（一格表示一人）水果的名称又该写在哪里呢？（横轴下面，出示水果名称）喜欢水果的人数又用什么表示呢？（直条）

出示"四（9）班喜欢水果人数统计图"，这就是条形统计图．

4．出示课题：条形统计图．

问：条形统计图有什么特点呢？

（1）按水果的名称进行归类．

（2）按"一格表示一人"表示数据．

（3）用直条的长短表示数据的多少．

（设计意图：经历用条形统计图整理数据的过程，理解"以一当一"的数学含义．）

5．把三种整理数据的方式进行比较．

问：你们都把数据表示清楚了吗？哪种表示更清楚？（小组讨论）

通过两方面对比，使学生体会条形统计图的特点：

（1）条形统计图与象形统计图进行对比（条形统计图可一眼看出数据的多少）．

（2）条形统计图与统计表进行对比（条形统计图表示数据更形象、更直观）．

（3）条形统计图集合了前两种整理方式的优点（既表示出了数据的多少，又很形象、直观）．

（板书：数据的多少、直观）

（设计意图：通过条形统计图与象形统计图、统计表的对比，体会条形统计图的特点．）

6．分析信息．

师：观察一下，你能发现哪些信息？

喜欢哪种水果的人最多？有多少人？你是怎么看出来的？能上来指一指吗？

你还有什么发现？

喜欢哪种水果的人最少？有几人？几个格？一格代表几人？

指着横轴和纵轴的位置问：你还有什么发现？生答．

现在你认为负责买水果的同学该怎样买水果呢？生答．

（设计意图：通过观察条形统计图的数据，分析条形统计图所反映出来的数据背后的信息，帮助我们决策．）

7. 现在我们认识了条形统计图，知道条形统计图不但能表示出数据的多少，还很形象直观，便于比较．

三、巩固练习

师：条形统计图在我们日常生活中的作用有很多，下面就有一个生活中的问题：

六（1）班同学对他们在一年级到六年级这一时段的近视情况进行了统计，这个班的学生在六年里的近视情况是怎样的呢？

1. 你能把这些数据制成条形统计图吗？

六（1）班学生一年级到六年级近视情况统计表

年级	一	二	三	四	五	六
人数	5	8	12	14	16	18

2. 绘制统计图，进行数据分析．

师：六（1）班学生从一年级到六年级，近视人数分别有多少人？你能用手势比画一下吗？这个班到七年级时，近视人数将有多少人？你们是怎么想的？

同学们说出的人数可能不同，也可能是都比六年级多．你们是怎么想的呢？一定会比六年级多吗？我们应该对这个班的同学们说点什么呢？同学们应马上行动起来，保护视力，注意用眼卫生，学会科学用眼．

（设计意图：通过分析条形统计图，发现更多的数据之外的信息，使学生意识到保护眼睛已刻不容缓．倡议要正确用眼，科学用眼！）

由此可见，通过对图中数据的分析，我们还能对后期的发展情况进行预测和决策．

四、总　结

今天这节课我们学习的是条形统计图，通过分析条形统计图，我们还能进行预测和决策．其实，统计图还有很多种，以后我们还会进行更加全面、更加深入的学习．

（设计意图：通过练习，理解和掌握条形统计图的特点和作用，初步体会对事物的发展情况进行预测和决策，体现统计的价值和意义．）

五、课后练习

完成书上第 100 页第 1 题．

六、拓展练习

1．各大电影院里，每部电影的票房统计．

师：我还调查了同学们喜欢的动画电影票房统计结果，你最喜欢哪一部电影？你觉得这幅统计图是怎样的？

我们今天学习的条形统计图不仅有横向的，还有纵向的．

（设计意图：从学生熟悉的生活入手，充分调动学生想要统计的积极性．用横向条形统计图，既培养学生读图的能力，又丰富学生对条形统计图的认识．）

2．练习画条形统计图，进行简单的数据分析．

这是 2021 年我们遵义市某月的天气情况．

你们认识这些天气符号吗？

| 晴 | 阴 | 多云 | 雨 | 雷阵雨 |

（设计意图：课件呈现2021年我们遵义市某月的天气情况图，是为了贴近同学们的生活，使同学们能结合现实解决生活中的数学问题，同时介绍一些表示天气情况的符号，渗透数学符号意识．数学课程中的一个重要任务就是使学生习得数学符号的意义和使用符号解决数学和数学以外的问题的能力．）

（1）完成统计表．

（2）制成条形统计图．

（3）分析信息．

师：通过观察遵义地区这一个月的天气情况条形统计图，你能从中获得哪些信息？

（设计意图：通过观察条形统计图的数据，分析条形统计图所反映出来的数据背后的信息．）

"植树问题（两端都栽）"教学设计

【教学内容】人教版五年级上册第七单元数学广角——植树问题，第一课时第 106 页相关内容.

【教学目标】

1. 通过探索，发现两端都栽的"植树问题"中的棵数与间隔数之间的规律，能运用规律解决生活中的实际问题.

2. 通过猜想、画图分析、小组讨论、观察、实验、验证等方法，经历和体验"复杂问题简单化"的解题策略，同时渗透数形结合思想和——对应思想.

3. 感受数学在日常生活中的运用，尝试用数学来解决实际生活中的简单问题，学习有价值的数学.

【教学重点】自主探究两端都栽的"植树问题"中的棵数与间隔数之间的规律，应用规律解决实际问题.

【教学难点】在画图、探究、推理、总结规律的过程中有效渗透化繁为简、数形结合、——对应的数学思想.

【教学准备】班班通、课件、直尺、学习单.

【教学过程】

一、初步感知，揭示课题

（一）课前交流

课前做石头、剪刀、布的游戏. 刚才我们做游戏时，哪一个动作表示的是剪刀？在做这个动作时，你伸出了几根手指？两个手指之间有一个空隙，在数学上我们称这个空隙为间隔.

（设计意图：通过这项活动进一步激发学生的学习兴趣，活跃课堂气氛，同时使学生初步感知间隔、感知植树问题．）

（二）引出课题

同学们，这么简单的几根手指与几个间隔就存在这样的数学关系，这一关系在生活当中更是普遍存在．比如，我们今天要学习的"植树问题"，就是与间隔有关的数学问题．这节课我们一起来研究一下，看看在两端都栽的"植树问题"中，树木的棵数与间隔数之间存在着怎样的关系．（板书课题）

二、操作探究，主动构建

（一）大胆猜测，引发冲突

1. 读一读，说一说．

出示例题：

在全长100米的小路一边植树，每隔5米栽一棵（两端都栽），一共要栽多少棵树苗？

师：先让学生读题，待学生读完后再让同桌交流题目中的重要信息，理解重要信息，并上台勾画出重要信息，汇报小路一边、两端都栽、每隔5米是什么意思？

小路一边（说明只栽一行树）．

两端都栽（两头都栽）．

每隔5米（每相邻两棵树的间隔距离是5米）．

2. 猜一猜，想一想．

让学生根据已有的知识经验，结合对重要信息的分析理解，试着算一算到底需要栽多少棵树．（学生可能出现，加1、加2，或者不加不减的现象）请学生上台板演不同的做法．

（设计意图：帮助学生理解题意，使学生通过计算得出不同的结果，引起学生认知上的冲突，激发学生继续探究的欲望，促进学生思

考用什么方法来验证，引出画图验证的方法．（使学生初步感知数形结合思想））

（二）借助操作，探究规律

1. 初步体验，引发思考．

小组合作，在教师准备的学习单上去植树，找出两端都栽的"植树问题"的规律．

（设计意图：一是培养学生的时间观念；二是设置学习障碍，再次促使学生小组合作交流思考——怎样将复杂问题简单化．）

2. 动手操作，感悟思想．

让学生根据刚才的探讨结果，再次画出两端都栽的植树示意图，数数所栽的棵数与间隔数分别是多少？

（设计意图：让学生在画图时，再次领会画图分析和化繁为简的解题策略．）

（三）合理推测，感知规律

统计汇总学生的不同画法，让学生观察棵数与间隔数之间的关系，发现棵数不同，间隔也不同，但规律是一样的．初步感知棵数比间隔数多1、间隔数比棵数少1这两种情况下的规律．

（设计意图：初步建立"植树问题"规律模型．）

紧接着出示教师制作的表格，在两端都栽的情况下，20米能植几棵树？有几个间隔？25米、30米、35米……n米呢？

师追问：你们怎么这么快就判断出来了呢？（有规律）有什么规律呢？看来我们大家植的树都存在某种关系，此时让学生用不同的方式说规律，总结规律：

$$棵数 = 间隔数 + 1，间隔数 = 棵数 - 1．$$

（设计意图：用不同的方式加深学生对规律的理解与掌握．）

（四）应用规律，验证例1

教师再次回到同学们的解题过程中，询问刚才哪些同学做对了？同时点几个做错的学生来谈谈他现在的理解．关于他出错的原因，大家觉得该怎样提醒他．教师在图片上根据学生的汇报进行批注．

（设计意图：让学生经历猜想、实验、验证的探究过程，明白每步算式的意义，以便更好地理解"植树问题"的数学模型．）

三、应用规律，回归生活

基础练习：

1. 判断题．

在植树问题中，棵数=间隔数+1，间隔数=棵数–1．（　　　）

2. 从柏村中心完小到务川新车站共12千米，每隔1千米建一个公交车站台，一共需要建(　　　)个公交车站台？（含起点站和终点站）

师：这道题里没有树呀，你们是怎样分析的？

变式练习：

1. 在笔直的跑道上插着51面小旗，每相邻两面小旗之间的间隔是2米，求第一面小旗到最后一面小旗的距离是多少米．

教师点拨：其实，"植树问题"并不只是单纯的树的问题，生活中很多问题都和"植树问题"相似，都可以运用"植树问题"规律来解决．

（设计意图：把"植树问题"拓展应用，使学生举一反三，触类旁通，体会数学与实际生活的密切联系．）

四、总结收获 拓展延伸

同学们，通过这节课的学习，你有什么收获呢？谁愿意和大家分享一下自己的收获？

五、板书设计

植树问题：

（两端都栽的植树问题）

总路线长÷间距=间隔数

棵数=间隔数+1

间隔数=棵数－1

（设计意图：呈现本节课的教学重点，为下节课两端都不栽和只栽一端的研究做铺垫．）

附件：

"两端都栽的植树问题"导学单

1. 把这条线段看作小路的一边，用"｜"表示树，（两端都栽），每隔5米栽一棵，看看一共栽了几棵树？一共有几个间隔？

20米

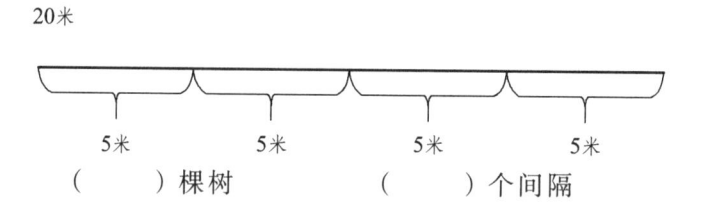

5米　5米　5米　5米

（　　）棵树　　　（　　）个间隔

25米

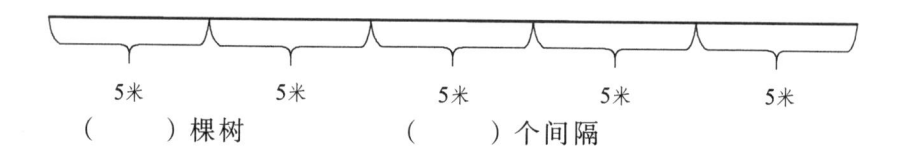

5米　5米　5米　5米　5米

（　　）棵树　　　（　　）个间隔

30米

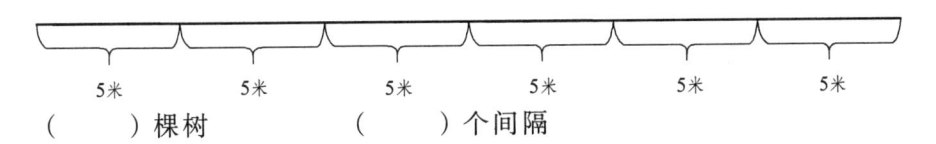

5米　5米　5米　5米　5米　5米

（　　）棵树　　　（　　）个间隔

2. 在全长 100 米的小路一边植树（两端都栽），每隔 5 米栽一棵，一共需要栽多少棵？

3. 判断．
在植树问题中，棵数=间隔数+1，间隔数=棵数－1． （　　）

4. 从柏村完小到务川新车站共 24 千米，每隔 3 千米建一个公交车站台，一共需要建多少个站台？（含起点站和终点站）

5. 在笔直的跑道一边插着 51 面彩旗，每相邻两面彩旗之间的间隔是 2 米，问第一面彩旗到最后一面彩旗的距离是多少米？

"口算两位数加两位数"教学设计

【教学内容】人教版三年级数学上册第 9~10 页例 1 及相关内容.

【教学目标】

知识与技能：在具体的情境中，理解掌握两位数加两位数的口算方法，并能正确计算.

过程与方法：经历探索两位数加两位数的口算方法的过程，渗透"转化"的数学思想，加深对口算算理的理解，培养数感.

情感态度与价值观：感受数学与日常生活的紧密联系，在探究的过程中获得成功的体验.

【教学重点】经历探索两位数加两位数的口算方法的过程，掌握两位数加两位数的口算方法.

【教学难点】正确快速口算出两位数加两位数的进位加法.

【教学准备】微视频、课件、导学单.

【教学过程】

一、创设情境，导入新知

复习旧知，回顾方法

师：你们喜欢哪些卡通人物？

师：老师今天带来了一位，你们想知道他是谁吗？如果你们能准确地完成他带来的数学题，他才愿意和大家见面哦.

学生拿出导学单——温故知新

课件出示口算题：

38+30=   8+6=

40+50=   　　　　　　64+5=

要求：学生小组抢答，汇报口算思路．

课件出示"海宝"，介绍它的名称及上海世博会小资料．

（设计意图：利用三年级学生喜欢卡通人物的特点，设计"猜一猜"环节，激发学生的学习兴趣，让学生迅速进入到学习状态中．学生已经学习并掌握了两位数加整十数、一位数的口算方法，通过复习，帮助学生回忆、梳理已有知识经验，为新知的迁移做铺垫．）

二、自主探究，掌握算法

播放例 1 微视频，完成导学单——新课新知

1. 对于第 9，10 页例 1 的（1），我们在计算两位数加两位数的口算时，可以把一个两位数分成一个整十数和一个一位数，然后再相加，你觉得这样做对吗？

2. 学生汇报交流时，教师板书，体现口算思路．

预设 1：先算 35+30=65，再算 65+4=69．

预设 2：将 35 分成 30 和 5，先算 30+34=64，再算 64+5=69．

预设 3：把 35 分成 30+5，34 分成 30+4，先算 30+30=60，再算 5+4=9，最后算 60+9=69．

（设计意图：放手让学生自由运用以前学过的两位数加一位数、两位数加整十数的口算方法进行两位数加两位数不进位口算的练习．这不仅有利于学生系统地掌握知识，还有利于培养学生利用已有知识进行迁移类推学习新知的能力，为学生后面的口算进位加法做铺垫．）

3. 对于第 10 页例 1 的（2），你觉得与（1）的两位数加两位数，有什么区别？

4. 学生汇报交流时，教师板书，体现口算思路．

预设 1：先将 39 分成 30+9，然后算 30+44=74，最后算 74+9=83．

预设 2：先将 44 分成 40+4，然后算 39+40=79，最后算 79+4=83．

预设 3：39 接近 40，从 44 里借 1 给 39，就变成口算 40+43=83．

预设4：将44分成40+4，39分成30+9，先算40+30=70，4+9=13，最后算70+13=83.

师：同学们想到的方法真多呀！这就是我们今天要学习的"口算两位数加两位数"的问题.（板书课题：口算两位数加两位数）

（设计意图：充分利用知识迁移，探究两位数加两位数不同的口算策略．在教学进位加法时，因势利导，根据口算题目中各个加数的特征合理地进行分解与组合．）

三、巩固练习，内化方法

1. 完成导学单——自学检测.
计算课本第10页题：三年级一共要买多少张车票？
2. 完成导学单——分层训练.
（1）口算.

34+13= 　　　　34+44=
38+16= 　　　　14+37=

（2）计算课本第10页题：四年级一共要买多少张车票？

（3）一个数减去28，还剩32，这个数是多少？

（4）小亮：我收集了56枚邮票；

小军：我比小亮多收集了37枚邮票.

小军收集了多少枚邮票？

3. 完成导学单——拓展延伸.

口算.

64+66 = 　　　　230+540 =
86+35= 　　　　520+300=

四、课堂总结

师：通过今天的学习，大家一定有很多收获，谁愿意说出来与大家一起分享？

附件：

"口算两位数加两位数"导学案

一、温故知新

1. 计算下列各题.

38+30=   8+6=
40+50=   64+5=

二、新课先知

1. 预习课本第9、10页例1的（1），我们在计算两位数加两位数的口算时，可以把一个两位数分成一个整十数和一个一位数，然后再相加，你觉得这样做对吗？

2. 预习课本第10页例1的（2），你觉得与（1）的两位数加两位数，有什么区别？

三、自学检测

1. 计算课本第10页题：三年级一共要买多少张车票？

四、分层训练

1. 口算下列各题.

   34+13=   34+44=

   38+16=   14+37=

2. 计算课本第 10 页题：四年级一共要买多少张车票？

3. 一个数减去 28，还剩 32，这个数是多少？

4. 小亮：我收集了 56 枚邮票；

   小军：我比小亮多收集了 37 枚邮票.

   小军收集了多少枚邮票？

五、拓展延伸

1. 口算下列各题.

   64+66 =   230+540 =

   86+35=   520+300=

"解决问题"教学设计

【教学内容】人教版三年级数学上册第72页例9及相关内容.

【教学目标】

知识与技能：初步掌握用乘法和除法两步计算解决的一类问题的基本结构和数量关系，能正确迅速找到中间问题.

过程与方法：学会解答先求总数的两步计算问题，初步掌握这类问题的解题规律.

情感态度与价值观：学会借助线段图分析数量关系，提高分析问题和解决问题的能力.

【教学重点】掌握用乘法和除法两步计算解决问题的数量关系和解答方法.

【教学难点】画线段图，并借助线段图分析题目中的数量关系.

【教学准备】课件、导学单.

【教学过程】

一、复习旧知，导入新课

完成导学单——温故知新

三（1）班学生由老师带领外出参观学习.每辆车限乘8人，租3辆车刚好坐得下.

（1）一共有多少人外出参观学习？

（2）如果每辆车只能坐6人，租几辆车合适？

二、尝试探索，学习新知

1. 阅读与理解.

自学课本第72页例9，思考以下问题：

（1）两条线段一样长表示什么？

（2）要想解决问题，必须先求出什么？也就是求线段图中的哪条？怎样求？

2. 分析与解答.

（1）借助线段图，讨论解决问题的方案.

引导学生从第一条线段图中的信息出发来分析：已知每个碗 6 元，又知道正好买 6 个，就可以求出妈妈一共有多少钱．知道多少钱，就可以求用这笔钱买 9 元一个的碗，可以买几个．

（2）学生独立列式解答．

预设 1：分步算式：6×6=36（元）；36÷9=4（个）.

预设 2：综合算式：6×6÷9=4（个）.

（3）师：还有其他的思考方法吗？

3. 回顾与反思．

（1）怎样检验答案是否正确．

（2）回顾解决问题的过程．

（3）学生书写答案，完善解题步骤．

三、巩固练习，发展提高

完成导学单——自学检测

小华读一本书，每天读 6 页，4 天可以读完．如果每天读 8 页，几天可以读完？

完成导学单——分层训练

1. 王师傅每小时做 6 朵花，4 小时完成任务，如果想 3 小时完成任务，王师傅每小时要做多少朵花？（试着画线段图解决问题）

2. 星期天，同学们去敬老院帮老人打扫卫生，每 3 人一组，可以分成 12 组．

（1）如果每 4 人一组，可以分成多少组？

（2）如果分成 6 组，平均每组多少人？

3. 小强用小棒摆正方形，如下图．如果用这些小棒摆三角形，可以摆多少个？

完成导学单——拓展延伸

旅馆新来了一批客人，每 3 人住一间，需要 16 间房．如果每 2 人住一间，需要增加几间房？

四、课堂小结

师：这节课你学会了什么？有什么收获？

附件：

"解决问题"导学案

一、温故知新

三（1）班学生由老师带领外出参观学习．每辆车限乘 8 人，租 3 辆车刚好坐得下．

（1）一共有多少人外出参观学习？

（2）如果每辆车只能坐 6 人，租几辆车合适？

二、新课先知

自学课本第 72 页例 9,思考以下问题:

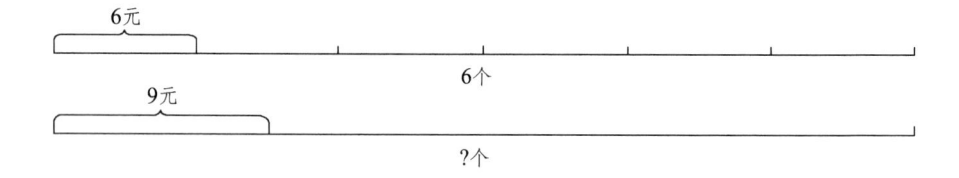

```
|——6元——|
                        6个
|————9元————|
                        ?个
```

1. 两条线段一样长表示什么?

2. 要想解决问题,必须先求出什么?也就是求线段图中的哪条线条?怎样求?

三、自学检测

小华读一本书,每天读 6 页,4 天可以读完.如果每天读 8 页,几天可以读完?

四、分层训练

1. 王师傅每小时做 6 朵花，4 小时完成任务，如果想 3 小时完成任务，王师傅每小时要做多少朵花？（试着画线段图解决问题）

2. 星期天，同学们去敬老院帮老人打扫卫生，每 3 人一组，可以分成 12 组．

（1）如果每 4 人一组，可以分成多少组？

（2）如果分成 6 组，平均每组多少人？

3. 小强用小棒摆正方形，如下图．如果用这些小棒摆三角形，可以摆多少个？

五、拓展延伸

旅馆新来了一批客人,每 3 人住一间,需要 16 间房.如果每 2 人住一间,需要增加几间房?

"24时计时法"教学设计

【教学内容】人教版三年级数学下册第82~83页相关内容．

【教学目标】

知识与技能：结合具体情境，掌握12时计时法与24时计时法的表示方法．

过程与方法：利用"时间尺"，理解24时计时法与12时计时法之间的关系，并能熟练地进行转换．

情感态度与价值观：养成合理安排时间、珍惜时间的良好习惯．

【教学重难点】认识24时计时法，学会两种计时法之间的相互转换．

【教学准备】课件、微视频、导学单．

【教学过程】

一、复习旧知，引入新知

学生完成自学导读单——温故知新

1. 1日=（　　）时．

2. 钟面上时针走1圈是（　　）时，走2圈是（　　）时，正好是1天．

二、观看微视频，学习新知

观看微视频，回答下面的问题：

1. 说出82页8幅图的时间．

表示12时出现了3次，第1幅图（　　）12时即这一天的0时，第4幅图（　　）12时，第8幅图（　　）12时．半夜12时也叫（　　）时．

2. 取出学具钟表拨一拨：
（1）回答83页的三个问题.
（2）(　　　　　　　　　　)是24时计时法.
3.

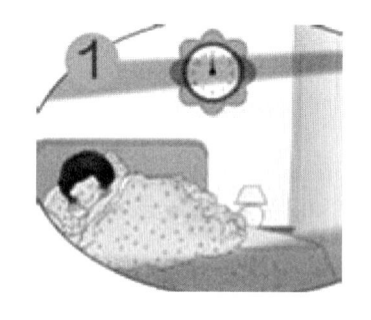

12时计时法：晚上12时　　　　　中午12时
24时计时法：24时　　　　　　　12时

为了简明且不易出错，经常采用从0时到24时的计时法，通常叫做24时计时法.

4. 早上7时用7时表示，晚上7时用19时表示.
上午10时用（　　）时表示，晚上10时用（　　）时表示.
凌晨2时用（　　）时表示，下午2时用（　　）时表示.

（设计意图：在"时间尺"上标明今天、明天、昨天之间的关系，为以后跨两天的时间计算做铺垫.学生利用"时间尺"很容易计算出经过的时间，突破难点.）

三、巩固练习

1. 完成学案——分层训练.

2. 完成学案——拓展延伸.

小明晚上 9:30 睡觉,第二天早上 6:30 起床,他一共睡了多少个小时?

四、课堂小结

通过本节课的学习,你有哪些收获?

附件 1:

"24 时计时法"自学导读单

一、温故知新

1. 1 日 =(   )时.

2. 钟面上时针走 1 圈是(   )时,走 2 圈是(   )时,正好是 1 天.

二、新课先知

认真阅读课本第 82 页内容,回答下面的问题:

1. 说出 82 页 8 幅图的时间.

表示 12 时出现了 3 次,第 1 幅图(   )12 时即这一天的 0 时,第 4 幅图(   )12 时,第 8 幅图(   )12 时.半夜 12 时也叫(   )时.

2. 自学教材第 83 页内容.

取出学具钟表拨一拨:

(1)回答 83 页的三个问题.

(2)(   )是 24 时计时法.

3.

12 时计时法：晚上 12 时　　　中午 12 时
24 时计时法：24 时　　　　　12 时

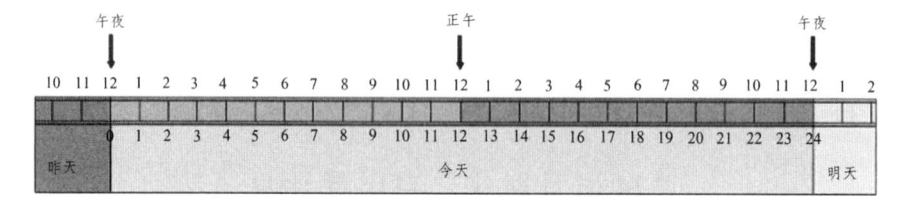

为了简明且不易出错，经常采用从 0 时到 24 时的计时法，通常叫做 24 时计时法.

三、自学检测

早上 7 时用 7 时表示，晚上 7 时用 19 时表示.
上午 10 时用（　　）时表示，晚上 10 时用（　　）时表示.
凌晨 2 时用（　　）时表示，下午 2 时用（　　）时表示.

附件 2：

"24 时计时法"学案

四、分层训练

1.

| 18:06 | | 23:38 | |

下午6:06　　晚上8时　　_____　　凌晨4:45

- 100 -

2. 用 24 时计时法表示下面的时刻.

上午 7 时　　　　下午 4 时　　　　晚上 9 时　　　　凌晨 3 时

用普通计时法表示下面的时刻.

10 时　　　　8 时　　　　　　24 时　　　　　　15 时

3. 邮递员每天从邮筒中取 3 次信，早上 8 时 30 分第一次取信，以后每隔 4 小时取一次信，请写出每次取信的时间.

取信时间：

第一次：
第二次：
第三次：

五、拓展延伸

小明晚上 9:30 睡觉，第二天早上 6:30 起床，他一共睡了多少个小时？

"搭配2"教学设计

【教学内容】人教版三年级数学下册第102页例2及相关内容.

【教学目标】

知识与技能：在解决实际问题的过程中，掌握搭配的方法，学会有序思考.

过程与方法：通过摆一摆、画一画、连一连、写一写等活动，探索搭配的方法与结果，体验分类、分步计数及数形结合的方法.

情感态度与价值观：体会数学与生活的密切联系，经历数学化的过程，感受符号思想.

【教学重点】体会有序思考，掌握搭配的方法.

【教学难点】进行有序搭配，用适当的方式表达出搭配的过程与结果.

【教学准备】课件、自学导读单、学案、衣服和裤子的卡片教具.

【教学过程】

一、创设情境，抛出问题

把"读、好、书"排一排，有几种不同的写法？再读一读.

（设计意图：创设字搭配词，要求学生多读书，调动学生的学习积极性，引发学生数学思考.）

二、问题探究，感悟有序，体会符号作用

课件出示例2.

1. 独立思考，表达自己的想法.

教师找出：无序的、有序的、画图连线的、文字加符号的、纯符号的，等等．

在采样的过程中问一问学生是怎样想的，为什么这样表示？

2. 在汇报交流中、对比中感知有序．

师：一共有多少种不同的穿法呢？

预设1：无序，用文字表达．

预设2：有序，画几何图形连线．

预设3：有序，画简图连线．

3. 讨论如何按顺序解决问题，理解搭配的方法，体会有序思考．

预设1：先固定上衣，用一件上衣去搭配3条裤子，有3种方法；再用另一件上衣去搭配3条裤子，又有3种方法，一共有6种方法．

（板书：3+3=6（种））

预设2：先固定裤子，先用一条裤子去搭配2件上衣，再用一条裤子去搭配2件上衣，最后用剩下的一条裤子去搭配2件上衣，一共有6种方法．

（板书：2+2+2=6（种））

4. 展示作品中的不同表达方式，让学生在交流中体会符号表达的简洁．

预设1：有序，用文字表达．

预设2：有序，用符号表达．

5. 总结．

师：先选定上衣，再分别去搭配裤子，或者先选定裤子，再分别去搭配所有的上衣．这样去思考问题，就可以做到不重复不遗漏地找到所有的答案．我们称之为"有序"的思考．（板书：有序）

6. 结合自己的理解填空．

（1）我知道上装（　　　）件、下装（　　　）件，每次上装、下装只能穿（　　　）件．

（2）如果先确定上装，这里有（　　　）种搭配方法．用你喜欢的图形或符号画出来．

（3）如果先确定下装，这里有（　　　）种搭配方法．用你喜欢的图形或符号画出来．

（设计意图：让学生在无序与有序的对比中感受有序思考的好处，同时在不断分析与比较不同思考方式的过程中将内化的思维方式再次外显出来，并让学生感受符号化思想，深化有序思考的意识．）

三、巩固练习

1. 完成学案——分层训练．
2. 完成学案——拓展延伸．

四、课堂小结

同学们，今天我们研究了有关搭配的几个问题，要想做到不重复不遗漏，最重要的是什么？对，有序思考．其实这种思考问题的方法在咱们今后的学习和生活中是非常有用的．

（设计意图：让学生总结课堂收获、感受有序思考在生活中的重要意义，并将学生的眼光引向生活，感受生活与数学知识之间的紧密联系．）

附件1：

"搭配（例2）"自学导读单

一、温故知新

把"读、好、书"排一排，有几种不同的写法？再读一读．

二、新课先知

自学课本102页例2，结合自己的理解填空．

1. 我知道上装（   ）件、下装（   ）件，每次上装、下装只能穿（   ）件．

2. 如果先确定上装，这里有（   ）种搭配方法．用你喜欢的图形或符号画出来．

3. 如果先确定下装，这里有（   ）种搭配方法．用你喜欢的图形或符号画出来．

三、自学检测

完成课本第 102 页做一做第一题

附件 2：

"搭配（例 2）"学案

四、分层训练

1. 拉动纸条看看可以组成哪些两位数？写出来．

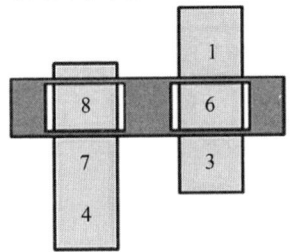

2．聪聪和明明急忙给上学期转走的四名同学打电话，如果他们每人分别和老同学通话一次，一共要通话多少次？

3．妈妈在一张纸上给小明出了3道较易题，2道较难题，让小明各做一道，小明有几种选择方法？

4.下图中一共有多少个长方形？

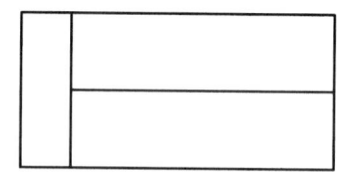

五、拓展延伸

从学校到少年宫一共有几条不同的路线可以走？

"三位数乘两位数"教学设计

【教学内容】人教版四年级数学上册第 47 页例 1 及相关内容.

【教学目标】

知识与技能：结合已有的两位数乘两位数的知识经验，自主理解三位数乘两位数的笔算算理，掌握三位数乘两位数的笔算方法.

过程与方法：结合具体的问题情境，选择合适的估算、验算方法进行估算、验算，养成良好的学习习惯.

情感态度与价值观：经历利用旧知解决新问题的过程，提升知识技能的迁移水平，发展逻辑思维能力.

【教学重难点】理解三位数乘两位数的笔算算理，掌握三位数乘两位数的笔算方法.

【教学准备】课件、导学单、微视频.

【教学过程】

一、复习旧知，导入新课

完成导学单——温故知新

笔算下列各题：

36×5=   121×3=

12×24=   39×56=

师：如果把 39×56 变成 139×56，怎么笔算呢？这就是我们今天这节课要探索的内容——三位数乘两位数.（板书课题：三位数乘两位数）

二、新知探究

观看微视频完成导学单——新课新知

1. 分析题意：李叔叔乘火车从某城市去北京用了 12 小时，火车每小时行 145 千米．求该城市到北京的距离，实际是求_____个_____千米是多少？

用_____法计算，列式为：_____．

2. 探究算法：

（1）估算：145≈_____；12≈_____，(   )×(   )=(   )

所以 145×12≈_____．

（2）笔算：

```
    1 4 5
×   1 2
    2 9 0    ←——（    ）×（    ）
(       )   ←——（    ）×（    ）
(       )   ←——（    ）○（    ）
```

3. 说说 145×12 的笔算过程，想想第二层积的定位在哪里？为什么不和个位对齐？

对于结果有错的学生，先不要急于否定，而是同样让学生说出算法后，引导学生思考：我们想知道这个结果是否正确，有什么好办法？（一是估算；二是验算．）

（设计意图：让学生回忆两位数乘两位数的计算方法，讲清楚两位数乘两位数的算理，然后迁移到三位数乘两位数的计算过程中，以帮助学生理解．期间，关注估算及验算方法的运用，使学生体会到这些计算方法应该视需要而用．）

4. 笔算：139×56．

三、巩固练习

1. 完成导学单——自学检测.
2. 完成导学单——分层训练.
3. 完成导学单——拓展延伸.

（设计意图：练习环节主要有两个任务需要完成：一是巩固计算方法，即通过计算对例题中由讨论得出的算法进行巩固；二是抓住算法中的错误讨论原因.）

四、课堂小结

通过这节课的学习，你们掌握了三位数乘两位数的计算方法吗？在计算过程中要注意什么？

附件：

"三位数乘两位数的笔算乘法"导学案

一、温故知新

笔算下列各题：

36×5=　　　　　　121×3=
12×24=　　　　　　39×56=

二、新课先知

自学课本第 47 页相关内容，回答以下问题：

1.分析题意：李叔叔乘火车从某城市去北京用了 12 小时，火车每小时行 145 千米. 求该城市到北京的距离，实际是求_____个_____千米是多少？

用_____法计算，列式为：_____.

2. 探究算法：

（1）估算：145≈_____；12≈_____，(　　)×(　　)=(　　)

所以 145×12≈_____.

（2）笔算：

```
    1 4 5
  ×   1 2
    2 9 0    ←——(    )×(    )
  (      )   ←——(    )×(    )
  (      )   ←——(    )○(    )
```

3. 说说 145×12 的笔算过程，想想第二层积的定位在哪里？为什么不和个位对齐？

三、自学检测

```
    2 6 7        1 3 2        3 1 5
  ×   1 4      ×   4 6      ×   8 4
```

四、分层训练

1. 算一算．

```
    1 3 4      1 7 6      4 2 5      2 3 7
  ×   1 2    ×   4 7    ×   3 6    ×   8 2
```

-111-

2. 下面的竖式对吗？把不对的改正过来.

```
    1 3 4          1 5 2          2 4 6
  ×   1 6        ×   2 3        ×   3 4
    8 0 4          1 5 6          9 6 4
  1 3 4          1 0 4          6 3 8
  9 3 8          1 1 9 6        7 3 4 4
 (     )        (     )        (     )
```

3. 每年的 6 月 5 日是世界环境保护日. 和平小学四年级 185 名学生参加了 2021 年的环保活动. 在这次活动中,每名同学平均清理绿地 72 平方米,他们一共清理绿地多少平方米？

五、拓展延伸

买大号运动服 25 套,小号运动服 45 套. 已知大号运动服每套 145 元, 小号运动服每套 128 元. 问买两种运动服各需要多少元？一共需要多少元？

"平行与垂直"教学设计

【**教学内容**】人教版四年级数学上册第 56～57 页例 1 及相关内容.

【**教学目标**】

知识与技能：通过自主探究活动，理解平行与垂直这两种特殊的直线间的位置关系，初步认识平行线和垂线.

过程与方法：通过观察、操作、讨论、归纳等活动，积累操作和思考的活动经验.

情感态度与价值观：发展空间观念，初步渗透分类的数学思想.

【**教学重点**】正确理解相交、互相平行、互相垂直等概念.

【**教学难点**】理解平行与垂直概念的本质特征.

【**教学准备**】课件、直尺、三角尺、长方形纸、彩笔、两根小棒等.

【**教学过程**】

一、复习旧知，情境导入

1. 完成导学单——温故知新.

填空：

线段有（　　）个端点，长度是（　　）的；射线有（　　）个端点，长度是（　　）的；直线（　　）端点，长度是（　　）的.

2. 情境导入.

师：这里有两根小棒，如果掉在地上会出现什么现象？你能用你手中的彩笔在长方形的纸上画出来吗？咱们比一比，看谁画得快.

（设计意图：通过想象、操作，使学生感受到这些图形都是由两条直线组成的，都在同一个平面内. 让学生初步建立同一个平面内两条直线位置关系的表象，为研究两条直线间的位置关系提供一个可操作的平台．培养学生的空间想象能力．）

二、观察分类，感受特征

1．展示交流．

教师把具有代表性的几类作品贴在黑板上展示．

2．问题引导．

师：同学们的想象真丰富，画出了这么多种情况！可是大家看看黑板上的这些不同位置关系的两条直线，你们觉得怎么样？

预设学生回答：比较乱、感觉不清晰．

师：那你们有什么好的办法让它更容易看明白吗？——分类．

3．自主分类．

预设：第一种：分为两类——相交、不相交．

第二种：分为三类——相交、快要相交、不相交．

第三种：分为四类——相交、快要相交、不相交、相交成直角．

4．达成共识．

师：同学们，现在出现了不同的分类方法，关于这些方法，你更赞同哪一种？把你的想法在小组内交流．

引导学生讨论，达成共识：分为两类——相交和不相交．（板书：相交、不相交）

三、自主探究，认识平行与垂直

自学课本第 56 页，57 页相关内容，回答以下问题．

1．观察下列①②③④四个图形，回答以下问题．

（1）观察发现：（　　）中的两条直线没有相交，（　　）中的两条直线相交.

（2）延长没有相交的两组直线，再次验证是否相交，并测量相交直线形成的角的度数.

你发现了什么？

◆在同一平面内，两条直线的位置关系只有两种：（　　）和（　　）.

相交又有相交成（　　）角和不能相交成直角两种情况.

2. 判断两条直线是否互相平行的关键是什么？如何理解"永不相交"？如何用字母表示两条直线互相平行？

3. 什么叫互相垂直？什么叫垂线？什么叫垂足？判断两条直线是否互相垂直的关键是什么？如何用字母表示两条直线互相垂直？

四、巩固练习

1. 完成导学单——自学检测.

2. 完成导学单——分层训练.

3. 完成导学单——拓展延伸.

五、课堂小结

关于今天这节课，我们在活动中学习了哪些知识？你会判断两条直线间的关系吗？

附件：

"平行与垂直的认识"自学导读单

一、温故知新

填空：

线段有（　　）个端点，长度是（　　）的；射线有（　　）个端点，长度是（　　）的；直线（　　）端点，长度是（　　）的．

二、新课先知

自学课本第56页，57页相关内容，回答以下问题：

1. 观察下列①②③④四个图形，回答以下问题．

① ② ③ ④

（1）观察发现：（　　）中的两条直线没有相交，（　　）中的两条直线相交．

（2）延长没有相交的两组直线，再次验证是否相交，并测量相交直线形成的角的度数．

你发现了什么？

◆ 在同一平面内，两条直线的位置关系只有两种：（　　）和（　　）．

相交又有相交成（　　）角和不能相交成直角两种情况．

2. 判断两条直线是否互相平行的关键是什么？如何理解"永不相交"？如何用字母表示两条直线互相平行？

3. 什么叫互相垂直？什么叫垂线？什么叫垂足？判断两条直线

是否互相垂直的关键是什么？如何用字母表示两条直线互相垂直？

三、自学检测

1．（1）在（　　）平面内（　　）的两条直线，叫做平行线．也可以说，这两条直线（　　）．

（2）你能举出生活中平行的例子吗？

2．（1）概念：（　　）条直线相交成（　　），就说这两条直线互相垂直；其中（　　）叫做（　　）的垂线，这两条直线的（　　）叫做垂足．

（2）你能举出生活中垂直的例子吗？

四、分层训练

1．下列图形中，哪组图形相互平行？哪组图形相互垂直？并进行验证．

2．判断题：

（1）两条直线不相交，这两条直线就是互相平行．（　　）

（2）同一平面内的两条直线，不是平行线就是垂线．（　　）

（3）如果两条直线相交成直角，就说这两条直线互相垂直．（　　）

（4）直线 a 与直线 b 互相平行，那么，我们说直线 a 和直线 b 是平行线．（　　）

（5）长方形的两组对边相互平行．（　　）

3.

$$a \quad \diagup$$
$$b \quad \diagup$$
$$c \quad \diagup$$

观察上图,已知 a 平行于 b,b 平行于 c,那么 a 和 c（　　　）.

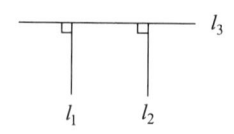

观察上图,l_1 和 l_2 同时垂直于 l_3,并且这三条直线在同一平面内,那么 l_1 和 l_2（　　　）.

五、拓展延伸

摆一摆:

1. 先拿两根小棒摆成一组平行线,再拿另一根小棒摆成和其中一根小棒平行.说一说,这三根小棒之间存在什么样的位置关系?

2. 把两根小棒摆成互相垂直的关系,再拿另一根小棒摆成和其中一根小棒平行.说一说,这三根小棒之间存在什么样的位置关系?

"鸡兔同笼"教学设计

【教学内容】人教版四年级数学下册第 103～104 页相关内容.

【教学目标】

知识与技能：掌握运用画图法、假设法解决"鸡兔同笼"问题的方法.

过程与方法：经历自主探究解决问题的过程，培养逻辑推理能力.

情感态度与价值观：了解我国古代数学文化，增强民族自豪感.

【教学重点】经历自主探究解决问题的过程，掌握运用画图法、假设法解决"鸡兔同笼"问题的方法.

【教学难点】掌握假设法，运用假设法解决数学问题.

【教学准备】课件、导学单.

【教学过程】

一、情境导入

1. 课件出示教材第 103 页情境图.

师：雉是什么？（鸡）几何是什么意思？（多少）

2. 提出问题.

师：这是我国古代一道数学问题，谁能用自己的语言描述一下？

3. 呈现问题.

笼子里有若干只鸡和兔. 从上面数，有 35 个头，从下面数，有 94 只脚. 问鸡和兔各有多少只？

4. 交流想法，尝试解决.

二、新知探究

1. 化繁为简.

师：同学们刚才在解答这道古代数学问题的时候，猜了好几组数据，但是经过验证都不对．为什么这么多人都猜不对呢？什么情况下才能猜对呢？

引导学生得出——在数据比较小的情况下容易猜对．这就是我们数学研究中化繁为简的思想．

呈现例1：笼子里有若干只鸡和兔．从上面数，有8个头，从下面数，有26只脚．问鸡和兔各有几只？

2. 自主探究解决问题.

小组合作：先算一算，再想一想，我算得对吗？

3. 交流体会，寻找策略．

（1）经历画图法的形成过程．

按照预设的五个层次引导学生汇报交流．

第一，先画8个圆圈，每个圆圈上画2只脚表示鸡；

第二，计算已画了8×2=16（只）脚，还差26-16=10（只）脚；

第三，一只兔比一只鸡多几只脚，即4-2=2（只）脚；

第四，还差的10只脚，需要画在几只鸡上，即10÷2=5（只）；

第五，用总数减鸡的只数就是兔的只数，即8-5=3（只）．

（2）探究假设法．

运用画图法的思想，把它形成计算的过程就是假设法．

（3）完成导学单——新课新知．

（4）完成导学单——自学检测．

（5）解答古代问题：笼子里有若干只鸡和兔．从上面数，有35个头，从下面数，有94只脚．问鸡和兔各有多少只？

三、强化练习，拓展认识

1. 完成导学单——分层训练．

2. 完成导学单——拓展延伸.

四、课堂小结

我们今天研究了什么数学问题？你掌握了哪些解决问题的方法？今天的研究经验，对你今后的数学学习有哪些帮助和启发？

附件1：

"鸡兔同笼"自学导读单

一、温故知新

大约一千五百年前，我国古代数学名著《孙子算经》中记载了一道数学趣题："今有雉兔同笼，上有三十五头，下有九十四足，问雉兔各几何？"你知道这道题的意思吗？请试着说一说.

二、新课先知

笼子里有若干只鸡和兔. 从上面数，有8个头，从下面数，有26只脚. 问鸡和兔各有几只？

1. 说说从这道题中你得到了什么信息？要回答什么问题？
2. 用列表法解答"鸡兔同笼"问题：

（1）列表猜猜笼子里可能会有几只鸡几只兔？（按照顺序列表试一试）

兔								
鸡								
脚								

（2）我们应该怎样判断哪种情况是正确的？请通过计算找到正确答案.

3．用假设法解答"鸡兔同笼"问题：

（1）如果笼子里都是鸡，一共有几只脚？

（2）跟实际的脚数比一比，你发现了什么？为什么脚数会多呢？

（3）把一只鸡换成一只兔子，可以补几只脚？把几只鸡换成几只兔子，可以补10只脚？

（4）根据我们的分析，该怎样列出算式呢？说说每步算式各表示什么？

三、自学检测

如果假设笼子里都是兔子，怎样解答这个问题呢？

附件2：

"鸡兔同笼"学案

一、分层训练

1．（1）用假设法解答《孙子算经》中的"鸡兔同笼"问题．

第一步：假设笼子里全是兔子，那么共有脚数（　　　），这样就比实际的脚数（　　　）．

第二步：想一想怎么做才能把多出的脚数去掉（头数不能变），以便用（　　　）换（　　　），每换一次就少（　　　）只脚．

第三步：共多出（　　　）只脚，就要换（　　　）次，实际也就求出了（　　　）的只数，那么（　　　）只数就是（　　　）．

（2）如果假设笼子里都是鸡，怎样解答这个问题呢？

2. 停车场有三轮车和小轿车共 7 辆，总共有 25 个轮子．问三轮车和小轿车各有多少辆？

3. 全班一共有 38 人，共租了 8 条船．已知大船每条坐 6 人，小船每条坐 4 人，每条船都坐满了，问大、小船各租了多少条？

二、拓展延伸

小明参加知识竞赛活动，每答对一题加 10 分，答错一题扣 6 分．小明共答 8 题，最后得 64 分，他答对了几道题？

"三角形边的关系"教学设计

【教学内容】人教版四年级数学下册第62页例4及相关内容.

【教学目标】

知识与技能：在操作试验活动中，经历探索发现"三角形边的关系"的过程，知道三角形边的关系.

过程与方法：借助剪一剪、拼一拼、移一移等活动，积累数学活动经验，培养自主探索、动手操作、合作交流的能力.

情感态度与价值观：通过渗透建模思想，体验数据分析、数形结合方法在探究过程中的作用.

【教学重点】理解三角形任意两边的和大于第三边.

【教学难点】理解两条线段的和等于第三条线段时不能围成三角形，理解"任意"二字的含义.

【教学准备】课件、纸条、希沃白板.

【教学过程】

一、复习旧知，引入新知

1. 完成导学单——温故知新.

2. 复习三角形概念.

师：我们已经认识了三角形，谁来说说什么是三角形？

生：由三条线段围成的图形，叫做三角形.

3. 导入新知.

师：是不是所有的三条线段都能围成三角形呢？这就是我们今天要研究的内容：三角形边的关系（板书课题：三角形边的关系）.

二、动手操作，探索新知

1. 小组合作：剪出下列四组纸条（单位：厘米）.
（1）6，7，8　　　　　　　　（2）4，5，9
（3）3，6，10　　　　　　　　（4）8，11，11
用每组纸条摆三角形，哪组能摆成，哪组摆不成．你发现了什么？
2. 小组上讲台汇报，并利用希沃白板的画图功能展示拼的过程．
能摆成三角形：（1），（4）．
不能摆成三角形：（2），（3）．
为什么（1），（4）能摆成三角形，（2），（3）不能摆成三角形呢？
3. 利用希沃白板的画图功能进行演示．

任取一组纸条中的两个纸条，组成一个角．要让这个角变成三角形，在画第三条边时，通过旋转可以得出：第三条边比这两条边的差要大，比这两条边的和要小．从而引导学生得出结论：三角形任意两边的和大于第三边．

师：要判断三条线段能不能围成三角形，要算三次，太麻烦了，有没有简单的只算一次的方法呢？

三角形两短边的和大于第三边．这样只需要算一次就能进行判断了．

4. 完成导学单——新课新知．
（1）什么叫做两点间的距离？
（2）我们来做一个实验：
① 剪出下列四组纸条（单位：厘米）．
A．6，7，8　　　　　　　　B．4，5，9
C．3，6，10　　　　　　　　D．8，11，11
② 用每组纸条摆三角形．
能摆成三角形的有：_____．观察三角形两边之和与第三边的关系：
6+7____8，6+8__7，8+7__6；8+11____11，11+11__8，

所以_____能摆成三角形.

不能摆成三角形的有：_____. 观察三角形两边之和与第三边的关系：

4+5___9，4+9___5，9+5___4；3+6___10，3+10___6，6+10___3.

（3）通过上面的实验，你发现三角形的三条边有什么关系？

（4）如何判断三根小棒能否围成一个三角形？

（5）你能用三角形三边的关系解释【温故知新】中的问题吗？

三、巩固练习

1. 完成导学单——自学检测.

2. 完成导学单——分层训练.

3. 完成导学单——拓展延伸.

四、课堂小结

我们一起来回忆一下三角形三边的关系.

附件1：

"三角形三边关系"自学导读单

一、温故知新

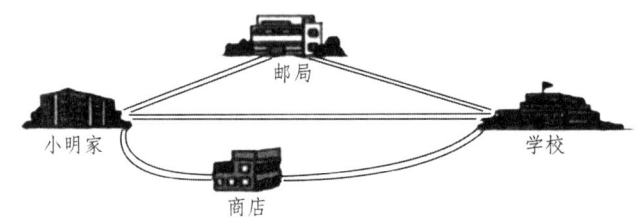

小明从家到学校有几条路可以走？走哪条路最近？为什么？

二、新课先知

自学课本第 62 页相关内容，回答以下问题：

1. 什么叫两点间的距离？

2. 我们来做一个实验：
（1）剪出下列四组纸条（单位：厘米）．
A. 6，7，8　　　　　B. 4，5，9
C. 3，6，10　　　　 D. 8，11，11
（2）用每组纸条摆三角形．
能摆成三角形的有：_____．观察三角形两边之和与第三边的关系：

6+7____8，6+8__7，8+7__6；8+11____11，11+11__8，所以，_____能摆成三角形．

不能摆成三角形的有：_____．观察三角形两边之和与第三边的关系：

4+5___9，4+9___5，9+5___4；3+6___10，3+10___6，6+10___3．

3. 通过上面的实验，你发现三角形的三条边有什么关系？

4. 如何判断三根小棒能否围成一个三角形？

5. 你能用三角形三边的关系解释【温故知新】中的问题吗？

三、自学检测

对下列四组数据，在能拼成三角形的后面画"√"．
（1）3，4，5（　　　）　　（2）3，3，3（　　　）
（3）2，2，6（　　　）　　（4）3，3，5（　　　）

附件2：

"三角形三边关系"学案

一、分层训练

1. 完成课本第66页第7题．

2. 我会选．
（1）下列各组木棒能首尾相连围成三角形的一组是（　　）．
A．2厘米、5厘米、7厘米　　　B．3厘米、4厘米、10厘米
C．5分米、13分米、13分米　　D．4分米、8分米、3分米
（2）如果一个三角形的两条边的边长分别是3厘米和8厘米，那第三条边的长可能是（　　）厘米．
A．11　　　B．12　　　C．6

3. 我会判．
（1）三角形任意两边的和一定大于第三边．　　　（　　）
（2）用长度分别2厘米、4厘米和6厘米的三根小棒能拼成一个三角形．　　　（　　）
（3）三角形的三条边可以相等．　　　（　　）

4. （1）完成课本第66页第6题．

（2）用长度分别是3厘米、3厘米、7厘米、7厘米、7厘米的五条线段能围成多少个不同形状的三角形？

二、拓展延伸

姚明身高2.26米，腿长1.3米．有人说他一步能走4米．看到这一消息，你会相信吗？为什么？

"小数乘小数"教学设计

【教学内容】人教版五年级数学上册第 5 页例 3 及相关内容.

【教学目标】

知识与技能：理解小数乘小数的算理，掌握计算方法.

过程与方法：经历探索并归纳小数乘小数计算方法的过程.

情感态度与价值观：运用所学知识解决实际问题，进一步体会数学与生活的密切联系，培养实践能力及思维的灵活性.

【教学重点】理解小数乘小数的计算法则.

【教学难点】理解小数乘法算理.

【教学准备】课件、导学单.

【教学过程】

一、复习旧知，铺垫迁移

完成导学单——温故知新

笔算下列各题：

$1.09 \times 8=$　　　　　$13.9 \times 25=$　　　　　$3.6 \times 23=$

想一想，怎样准确确定积中小数点的位置？

（设计意图：通过复习小数乘整数的计算法则，为新知识的学习奠定基础.）

二、创设情境，探究新知

1. 课件出示例 3 情境图.

（1）题目中告诉了我们哪些数学信息？求什么？怎样列式？

（2）说一说 2.4×0.8 与前面学习的小数乘整数有什么不同？

（3）揭示课题：小数乘小数．（板书课题：小数乘小数）

2．尝试计算，引导推理．

（1）估一估，确定积的范围．

$$2.4×0.8≈2×1=2.$$

（设计意图：在列式计算之前先估算，为笔算结果确定大致的范围．）

（2）猜一猜，尝试算法．

根据小数乘整数的计算经验，想一想：用竖式计算小数乘小数可以怎样计算？

（把两个小数都看成整数，先按整数乘法进行计算，再点小数点．）

（3）试一试，体会算理．

预设 1：2.4 米=24 分米；0.8 米=8 分米；24×8=192 平方分米；192 平方分米=1.92 平方米．

预设 2：2.4×0.8=19.2．

预设 3：2.4×0.8=1.92．

组织学生思考、讨论：积是 19.2 还是 1.92？为什么？

小结：两个因数都乘以 10 后，得到的积就等于原来的积乘以 100．要求原来的积，就要用现在的积除以 100，即从积的右边数出两位，点上小数点．

3．通过以上学习，讨论：小数乘法应该怎样计算．

（1）先按照整数乘法算出积，再点小数点．

（2）点小数点时，看因数中一共有几位小数，就从积的右边起数出几位，点上小数点．

4．完成导学单——新课新知．

三、巩固练习

1．完成导学单——自学检测．

2. 完成导学单——分层训练.

3. 完成导学单——拓展延伸.

四、课堂小结

这节课你学习了什么？有什么感受？跟大家说一说.

附件：

"小数乘小数"导学案

一、温故知新

笔算下列各题：

1.09×8=   13.9×25=   3.6×23=

想一想，怎样准确确定积中小数点的位置？

二、新课先知

1. 自学课本第 5 页例 3，回答下列问题.

（1）要想求出一共需要多少千克油漆，必须先算出什么？并试着列出算式.

（2）2.4×0.8=

```
    2.4  ——→ × (    ) ——→      24
×   0.8  ——→ × (    ) ——→  ×    8
   (   ) ←—— (    ) ÷ ←——      192
```

（3）观察上题中因数与积的小数位数之间的关系，你发现了什么？

（4）再算需要多少千克油漆？列式计算．

思考： 小数乘小数，先把小数转化成（　　　）计算，再看（　　　）中一共有几位小数，就从积的（　　　）起数出几位，点上小数点．

2．自学课本第 6 页例 4，回答下列问题．
（1）独立计算：
　　　$0.56 \times 0.04 =$

（2）乘得的积的小数位数不够时，怎样点小数点？

三、自学检测

计算下列各题：
$3.7 \times 4.6 =$ 　　　　　　　　$0.29 \times 0.07 =$

四、分层训练

1. 填空.
（1） 2.4+2.4+2.4=(　　　)×(　　　).
（2）

　　　　4.2 元　──→　(　　)角
　　　　× 2　　　　　　× 2
　　　(　　)元　←──　(　　)角

　　0.28 × 16 = (　　)
　↓×(　　)　　　÷(　　)↑
　　28 × 16 = (　　)

2. 列竖式计算.

12.4×7=　　　　　　　　2.3×12=

3. 根据 13×8=104，快速写出下列算式的积.

1.3×8=(　　　)；　　　13×0.8=(　　　)；

0.13×8=(　　　)；　　　13×0.008=(　　　).

4. 比一比，谁算得又对又快.

3.2×5=　　　　　　　4.09×2=

0.025×40=　　　　　　15.1×9=

5. 一个修路队每天修路 0.45 千米，6 天修路多少千米？

6. 一个长方形的宽是 2 分米，宽比长短 1.8 分米，这个长方形的面积是多少平方分米？

五、拓展延伸

一捆电线，第一次用去全长的一半，第二次又用去剩下的一半，第三次用去剩下的一半的一半后，还剩 4.6 米，这捆电线原来有多少米？

"平行四边形的面积"教学设计

【教学内容】人教版五年级数学上册第 87~88 页相关内容.

【教学目标】

知识与技能：掌握平行四边形的面积计算公式，能正确应用公式计算平行四边形的面积.

过程与方法：通过操作、观察、比较等活动，自主探索平行四边形的面积计算公式，同时渗透转化的数学思想方法.

情感态度与价值观：通过实践操作、合作交流等活动，积累数学活动经验，感受数学思想.

【教学重点】探索并掌握平行四边形的面积计算公式.

【教学难点】理解平行四边形的面积计算公式的推导过程，体会转化思想.

【教学准备】课件、微视频、导学单、每人一张面积 15 平方厘米的平行四边形卡纸、三角尺、剪刀.

【教学过程】

一、复习旧知，引入新知

1. 长方形面积计算公式复习.

师：拿出一张长方形纸，要计算这张长方形纸的面积，需要测量出什么？（长和宽），知道了长和宽，怎样求面积？（长×宽）

2. 完成导学单——温故知新.

3. 导入新课.

播放"老爷爷分地"微视频.

平行四边形的面积怎样计算呢？今天我们一起来研究——平行四边形的面积．（板书课题）

二、动手操作，验证猜想

1．提出猜想．

预设 1：邻边相乘．

预设 2：底乘高．

2．动手验证．

（1）数格子——完成书上的表格．

（2）割补法：沿高剪—平移—拼成一个长方形．

（在学生剪、拼的过程中，教师要关注学生剪的方向，进行安全教育．）

3．公式推导．

平行四边形的底和长方形的长相等．平行四边形的高和长方形的宽相等．平行四边形的面积和长方形的面积相等．

（板书：平行四边形的面积=底×高）

4．变式验证．

师：拿出几个平行四边形让学生观察，是不是所有的平行四边形都能剪、拼成长方形呢？

课件播放剪拼过程．

师：如果用 a 表示底，h 表示高，S 表示面积，那么平行四边形的面积公式还可以写成：$S = a \times h$．（板书）

5．完成导学单——新课新知．

三、巩固练习

1．完成导学单——自学检测．

2．完成导学单——分层训练．

3．完成导学单——拓展延伸．

四、课堂小结

回顾本节课的学习，你最大的发现是什么？我们今天用转化方法推导出了平行四边形的面积，在以后的学习中还有很多问题都可以借助这个方法去解决．

附件：

"平行四边形的面积"导学单

一、温故知新

1. 画出下列平行四边形底边上的高．

2. 长方形面积的计算公式是什么？你能说出长方形的面积公式是怎样推导的吗？

二、新课先知

自学课本第 87 页、88 页例 1，回答下列问题：

1. 两个花坛，哪一个面积大？说说你是怎么比较大小的．

2. 在方格纸上数一数，然后完成书上的表格．通过数方格，你发现了什么？

3. 如何将平行四边形转化成长方形？

4. 观察拼出的长方形和原来的平行四边形，你发现它们之间有哪些等量关系？

5. 用字母表示：
平行四边形的面积=

6. 现在能比较上面两个花坛的大小吗？

三、自学检测

1. 你能试着说说平行四边形面积公式的推导过程吗？

2. 平行四边形花坛的底是 8 米，高是 3 米，它的面积是多少？（用面积公式计算）

四、分层训练

1. 用一个平行四边形剪拼成一个长方形，求出它的面积．（说一说为什么要这样计算它的面积．）

2. 完成课本第 89 页第 2 题．

3. 在下面空格里填上合适的数．

平行四边形的底/分米	42	21	
平行四边形的高/分米	36		6
面积/平方分米		294	78

4. 火眼金睛（正确的在后面打"√"，错误的在后面打"×"）．
（1）等底等高的两个平行四边形的面积一定相等．（   ）
（2）已知一个平行四边形和一个长方形，如果面积相等，那么长方形的长一定等于平行四边形的底．（   ）
（3）把一个用木条钉成的长方形拉成平行四边形，它的周长和面积都不变．（   ）

5. 求图中平行四边形另一条底的长．

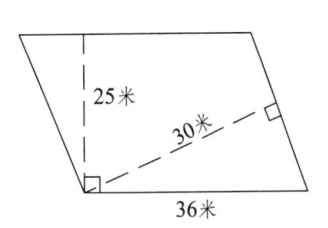

6. 阳光小区有一块空地(见下图),现计划在这块空地上栽花苗,如果每平方米栽 9 株花苗,这块空地可以栽多少株花苗?

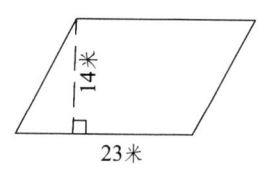

14米

23米

六、拓展延伸

完成课本第 90 页第 11 题.

"3的倍数的特征"教学设计

【**教学内容**】人教版五年级数学下册第10~11页例2及相关内容.

【**教学目标**】

知识与技能：能判断一个数是不是3的倍数.

过程与方法：经历探索3的倍数的特征的过程，理解3的倍数的特征.

情感态度与价值观：培养合情推理能力，积累观察、猜想、归纳等思维活动的经验.

【**教学重点**】探索3的倍数的特征.

【**教学难点**】归纳举证3的倍数的特征.

【**教学准备**】课件、导读单、学案.

【**教学过程**】

一、复习导入

1. 复习旧知.

（1）2的倍数有什么特征？

（2）5的倍数有什么特征？

（3）既是2的倍数，又是5的倍数的数有什么特征？

2. 导入.

师：3的倍数有什么特征呢？这就是这节课我和同学们要探究的内容.（板书课题：3的倍数的特征）

二、探索与猜想，验证与归纳

1．找出 3 的倍数．

请同学们拿出数学书，翻到第 10 页的百数表，依次圈出 3 的倍数．

2．小组交流、讨论．

（1）只看个位数，行吗？为什么？

（2）只看个位数，不行，那看什么？横着看、竖着看，都看不出规律，那还可以怎么看？（斜着看）

（3）说说你发现了什么？3 的倍数的特征是什么？大家同意吗？

3．归纳特征：

一个数的各个数位上的数的和是 3 的倍数，这个数就是 3 的倍数．

4．完成导读单．

三、巩固练习

1．完成学案——自学检测．

2．完成学案——巩固练习．

3．完成学案——课堂检测．

4．完成学案——拓展延伸．

货场有 96 吨煤，现有①号、②号、③号三种不同的载质量的卡车，用几号车正好可以装完？

①号　　　②号　　　③号

2 吨　　　3 吨　　　5 吨

四、课堂小结

今天，通过探究学习获得了哪些新知识？采用了什么样的研究方法？有什么体会？

附件1：

"3的倍数的特征"自学导读单

一、温故知新

1. 2的倍数有什么特征？

2. 5的倍数有什么特征？

3. 既是2的倍数，又是5的倍数的数有什么特征？

二、新课先知

自学课本第10页内容，回答下列问题：
1. 圈出书上表中3的倍数，并仔细观察．

2. 3的倍数的个位上的数是不是3的倍数？

3. 把3的倍数的各个数位上的数加起来，你发现了什么？

4. 3的倍数有什么特征？

三、预习体验

写出几个 3 的倍数的两位数和三位数.

附件 2：

"3 的倍数的特征"学案

一、自学检测

填空题：

1. 一个数的（　　　）上的数的（　　　）是 3 的倍数，这个数就是 3 的倍数.

2. 是 3 的倍数的最小的三位数是（　　　），最大的三位数是（　　　）.

3. 既是 2 的倍数又是 3 的倍数的最小两位数是（　　　）.

二、巩固练习

1. 判断题（正确的在后面打"√"，错误的在后边打"×"）.

（1）个位上是 3，6，9 的数一定是 3 的倍数.　　　　（　　）

（2）9 的倍数一定是 3 的倍数.　　　　　　　　　　（　　）

（3）一个数的各个数位上的数都是 3 的倍数，这个数也一定是 3 的数.　　　　　　　　　　　　　　　　　　　　　　　（　　）

（4）用 2，3，4 三个数字组成的三位数一定是 3 的倍数.　（　　）

（5）个位上是 6 的数一定是 2 和 3 的倍数.　　　　　（　　）

2. 在 □ 里填上一个数字，使每个数都是 3 的倍数.

2□　　　　1□3　　　　□5

□7　　　　52□　　　　4□13

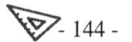

- 144 -

三、课堂检测

1．填一填．

在
41，23，609，66，45，89，60，78，34，63，330，32，102，69，48，318，622
这些数中：

是3的倍数有：（　　　　　　　）．

是2的倍数有：（　　　　　　　）．

既是2和5的倍数，又是3的倍数的数有：（　　　　　　　）．

2．按要求写数．

（1）写出五个是3的倍数的偶数．

（2）写出五个是5的倍数的奇数．

（3）从2，6，7，5四个数字中，选出三个组成一个三位数，使它是3的倍数．这样的数有几个？写出来．

四、拓展延伸

货场有96吨煤，现有①号、②号、③号三种不同的载质量的卡车，用几号车正好可以装完？

①号　　②号　　③号

2吨　　3吨　　5吨

第三部分 课题研究

　　课题研究是教师科研工作的核心，也是教师收获教学心得、感悟教育生命的重要载体，它能指导教师的教学工作.针对我校提出的"智慧校园创建下的三段六步式高效课堂""数学课堂有效质疑提问"……等课题，我们进行了针对性、有计划的课堂实践，找到了解决方法，同时也更好地解决了小学数学课堂中存在的问题，逐步实现了由专业型教师向专家型教师的转变.有梦想才能远行，有情怀才能力行，真实干才能提能力，有感悟才能促成长.

"智慧校园创建下的三段六步式高效课堂实践与研究"结题报告

摘 要

  为了全面贯彻党的教育方针,推进素质教育和新课程改革,促进我国学生核心素养的形成,运用现代化信息技术手段提高学校课堂教育教学水平和教学质量,真正凸显学生在学习过程中的主体地位,现结合我校成功申报的市级智慧校园示范校建设的实际情况,提出课题"智慧校园创建下的三段六步式高效课堂实践与研究"进行研究.

  中华人民共和国成立以来,我国的中小学教育一直是传统的应试教育模式,中小学学生依然是被动参与课堂学习,课余作业负担过重,主体参与课堂意识和参与活动能力不强,创新思维和实践精神欠缺,缺乏与其他同学共同参与的团队合作意识和独立自主学习能力.这些现象导致课堂教学效率不高,学生不爱学习、厌学情绪比较严重.《国家基础教育课程改革纲要》指出:"要改变课程过于注重知识传授的倾向,倡导学生主动参与、积极探究、勤于动手,强调形成积极主动的学习态度,使获得基础知识与基本技能的过程同时成为学会学习和形成正确价值观的过程."因此,培养学生的自主学习能力、合作探究意识、形成积极主动的学习态度、为学生创建交流与合作的平台,已成为当前课堂教学急需解决的问题.

  中小学生的合作学习应以现代社会教育学、心理学、认知心理学、现代教育技术学、教育社会学等理论为基础,以研究与利用课堂教学中师生之间、生生之间的人际关系为基点,以目标为导向,以师生之间、生生之间的合作为基本动力,以小组活动为基本教学形式,以小组团体合作学习成绩为课堂评价标准，使学生形成良好的社会技能和心理品质为根本目标，在最大程度上提高每一位学生的学业成绩、基本技能和基本活动经验，改善班组内的学习气氛．这是一种积极向上的教学理论与策略体系．在新课改实施过程中，实现学生学习方式转变的关键在于每一位学生能否有效地进行自主、合作、探究学习．

如何借鉴西方发达国家基础教育中那些成功的课堂教学经验，改变当前我国中小学课堂教学中那些传统的、只注重知识传授的以应试为目的的教学方式，创建自主、合作、探究的创新型课堂教学方式，探索出一套既能适应我国基本国情，又能充分汲取西方国家那些先进教育理念，是当前我国中小学学校教育和教研工作的重要内容，也是课程改革过程中的难点．

我校充分利用智慧校园创建下的现代化多媒体教学设备和智能评课系统，大胆改革传统的课堂教学结构，通过现代化的智能设备获取学生的课堂参与方式，根据统计数据具体细化每一个教学目标，使不同层次的学生在40分钟的课堂内都能得到更好的发展，向有限的时间要教学质量，提高课堂效率．我们探索出智慧校园创建下的三段六步式高效课堂的基本模式，总结出符合我校实际情况的高效课堂教学模式下的基本教学策略；我们构建的高效课堂教学模式下的评价方案，能够发挥教学评价的导向、区分激励、提升等作用．

一、课题研究的主要问题

1. 帮助教师实行角色的转变和教学行为的转变，让教师充分利用现代化的教学设备，创造性地分析研究和使用教材，设计导学案，实现教学设计有效改进．

2. 促使教师精心设计课堂中的每一个提问，优化课堂教学结构，活跃课堂气氛，促进教学交流，提高课堂效率．

3. 学生积极参加课堂活动，除教师的导案和学案设计有效外，更重要的是通过教学设计的改进，使学生能主动参与讨论、大胆交流、提出个人观点，并对新知进行拓展和延伸．

4．通过小组合作的形式，使全班学生都有参与自主、合作和探究学习活动的机会，进而促进班级学生的差异性发展，激发每一位学生的学习兴趣，使学生能在愉悦、民主、和谐的课堂环境中学习，促进学生学习方式的转变．

5．探究出"智慧校园创建下的三段六步式高效课堂实践与研究"的方法和规律，并加以推广、交流．

二、课题研究结论

1．从学科知识点出发，合理利用智慧校园创建下的现代化的教学设备和网络资源，设计适当的"三段六步式高效课堂"导、学案，审视其合理性、必要性和可操作性．

2．以新课标的观念，审视导、学案设计得是否精当，看它是否符合现代教育理念，能否提高课堂效率．

3．从教师角色出发，看导、学案是否有利于促进课堂教学，是否有利于活跃课堂气氛．

4．从学生的角度出发，看导、学案的设计是否有利于促进全体学生主动积极地学习和思考，是否有利于提高全体学生的自主学习、合作探究和创新思维能力．

5．以科学的眼光，审视导、学案的设计、过渡手段、层次、坡度是否和谐自然．

6．利用现代化的教学手段，帮助教师从学生角度出发，科学、合理地设计和改进导、学案，从而优化课堂教学结构，活跃课堂气氛，促进学生有效学习，提高课堂效率．

7．学生积极参加课堂活动，除教师的导、学案设计有效外，更重要的是通过学案的不断改进，培养学生的自主学习能力和创新思维能力．

关键词： 智慧校园　三段六步　高效课堂

第一部分　研究设计

一、核心概念界定

本课题的核心概念是"智慧校园""三段六步式"和"高效课堂".

（一）智慧校园

"智慧校园"是指以促进信息技术与教育教学融合、提高学与教的效果为目的，探索基于大数据模式下的校园教育管理模式，解决全向交互、校园管理的高效协同问题，建成一所技术先进、应用深入、整体统一、高效稳定、覆盖全面、安全可靠的智慧化的校园工作. 具体目标就是实现"五个智慧化"，即智慧教学、智慧管理、智慧教务、智慧生活、智慧环境.

（二）三段六步式

所谓的"三段六步式"高效课堂是把课堂分为以下几个环节：

第一段：预习导学.

第一步：看：先让学生预习（必须放在课堂上）.

第二步：讲：1. 结对帮扶：对子之间互帮互学、组长帮带. 2. 老师重点讲解（老师讲的都要板书在黑板上）. 3. 要充分发挥三色笔的作用. 4. 对这一部分，小组也可以有展示，但老师要控制数量并做好"课堂 100 分"记录表. （因为这一部分是基础性的知识）

第二段：探究新知.

第三步：议：小组先讨论.

第四步：讲：1. 小组展示；2. 小组补充、质疑；3. 教师点拨、归纳、总结，老师讲的都要板书在黑板上；4. 做好"课堂 100 分"记录表.

第三段：达标测试.

第五步：练：学生先做．

第六步：讲：1．相互批改；2．对子之间互帮互学、组长帮带；3．老师重点讲解易错点．

（三）高效课堂

"高效课堂"是针对无效、低效的传统课堂而言的．高效课堂是指在常态的课堂教学活动中，在单位时间内，在教师的组织下，学生积极主动地参与课堂教学的学习过程，从而高效率、高质量地完成教学任务．课堂教学的高效性是指通过课堂教学活动，使学生在学业上有收获、有提高、有进步．具体表现在：学生在认知上：从不懂到懂、从少知到多知、从不会到会；在情感上：从不喜欢到喜欢，从不热爱到热爱、从不感兴趣到感兴趣．一般来说，高校课堂评价的主要标准是：课堂充满激情，学生思维活跃，语言表达准确、流利、有感情，分析问题与解决问题的能力强，目标达成率在 95%以上．其前提是看学生是否愿意学、会不会学，乐不乐学；核心是教学三维目标的达成，立足点是"面向全体学生的发展"．

高效课堂的内涵包含两个方面：（1）课堂实然目标：从低效甚至负效—有效课堂的探索—实现课堂高效．通过改变课堂效益量化，可以发挥课堂 40 分钟的时间效能，原则是尽可能地不浪费每一分钟．唯此，才有可能把学生从"时间+汗水"的应试模式中解救出来，把时间还给学生，把睡眠、灵性、兴趣、发展还给学生．（2）课堂应然目标：从学会知识—基础学习能力—终身发展能力．这一目标其实是实现课堂真正意义上"质"的提升，课堂即成长，即成长知识能力、成长精神创造．其实，课堂破局的真正奥秘在于"学习能力"的培养，学生只有会学才能减少对"教师"及"教"的依赖．因此，我们主张素质教育的主要素质是"学习能力"．因为课堂一旦成为"知识本位"，教学也就变成了灌输和死记硬背式的教与学，而学生便变成了"知识的奴仆"，教师则变成了"知识的贩卖者"和"二传手"．唯有敢于把学习任务还给学生完成，突出学生的主体地位，实现我的课堂我做主，让学生去"经历"并且"经验",学习的过程才能充满生命的律动,又因律动而感动,最终因情感的介入而变得生动和灵动.所谓主体,是指自主性、主动性和创造性,这三性应始终在课堂上得到体现.

高效课堂的特征是主动性、生动性、生成性.其中,主动性指学生的学习状态,学生只有"主动",才能激发潜能、才能乐在其中、才能生成能力.生动性,指追求课堂的情感价值,突出"学乐"和"乐学";学习犹如饮甘露琼浆,要变"怕上学"为"怕下课".生成性,指课堂上要敢于变各种"句号""叹号"为"问号",要追求"主体多元",鼓励不同见解的出现,让思维激荡思维,让思想冲撞思想,让方法启迪方法.所以,课堂价值应体现在"不可预设"的"现场生成"上,一切预设均应服务于现场,而不是现场服务于预设.

高效课堂和新课程改革是一脉相承的,是对素质教育内涵和新课改理念的"实践表述".新课程改革主张的"自主、合作、探究",正是高效课堂的"六字真言",而落实为方法恰是——自学、展示、反馈,也就是多让学生"动脑、动口、动手".

二、研究目的

1. 帮助教师实行角色的转变和教学行为的转变,让教师通过智慧校园平台建设实现智慧教学,创造性地分析研究和使用教材,实现教学设计有效改进.

2. 促使教师精心设计课堂中的每一个提问,优化课堂教学结构,活跃课堂气氛,促进教学交流.通过教师的引领和学生积极主动的学习,可以高效率、高质量地完成教学任务,促进学生的高效发展.

3. 学生积极参加课堂活动,除教师的导案和学案有效外,更重要的是通过教学设计的不断改进,使学生能主动参与讨论、大胆交流、提出个人观点,并对新知进行拓展和延伸.

4. 不同层次的学生都有参与学习活动的机会,进而促进学生的差异性发展,激发学生的学习兴趣,促进学生学习方式的转变.

5. 探究"智慧校园创建下的三段六步式高效课堂实践与研究"的方法和规律，并加以推广、交流.

三、研究的意义

自新课程改革实施以来，我们的课堂教学虽然由原来"满堂灌"的教学模式转变为现在"自主学习、合作探究"的教学模式，合作学习也走进了课堂，但通过大量的听课、评课、说课、青年教师基本功比赛、教师参加各种优质课评选活动及领导深入课堂听课调研，以及近年来我校申报并结题的县级课题研究："小学语、数教学如何质疑提问"和"远程教育有效融入小学数学课堂教学的研究与实践"；市级课题研究"推进课堂教学公平实验研究"和"小学数学课堂有效质疑提问的策略与实践研究"，发现大多数教师在课堂教学中仍存在一些突出问题：（1）没有有效地运用现代化的智慧校园硬件设施、设备为教育教学服务.（2）许多中老年教师仍受传统教学思想的束缚，对学生的学习行为和结果表现出极大的不放心，不敢放手，甚至有的老师仍在沿用传统的教学模式唱"独角戏"，限制了学生学习的积极性和主动性.（3）忽视学生自主学习能力和合作探究意识的培养，甚至当学生在这方面有所表现时，教师视而不见，或未加思考地简单处理；即使有的老师开始注重学生思维过程的诱导，但在操作策略的系统性、可操作性方面还需补充完善.（4）课堂教学中仍普遍存在表面上看似热热闹闹，实际上有其"形"而无其"实"的现象.（5）教师在设置问题的时候没有深钻教材、吃透教材，所预设的问题平淡肤浅、无启发性，或太深太难、笼统地问，这对学生的思维启发无任何作用，有时甚至抹杀了学生思维火花的碰撞.（6）学生对学习失去了兴趣，不再自主参与学习，有效性差，课堂气氛沉闷. 这些现象对新课程的实施不是推动而是桎梏，影响教学质量的提高. 为此，我校将"智慧校园创建下的三段六步式高效课堂实践与研究"作为课题进行研究，试图通过建设智慧校园平台实现智慧教学，并对小组建设、合理设计导学案与小组合作学习的有效性进行研究，这能在最大程度上激发学生的学习兴趣，促进课堂高效．同时，本课题能促进教师教育观念和方法的更新，使教师对小组合作学习有更深刻的认识，进而充分发挥小组合作学习的优势，优化我们的课堂教学模式．

新课程极力倡导"自主、合作、探究"的学习方式．我校采用的智慧校园创建下的"三段六步式"高效课堂教学模式，就是为了转变学生的学习方式，由过去的被动听、被动回答，转变为现在的主动听、积极地思考，进而提出问题、探究问题，达到对学生思维能力培养的目的．为此，在教学中，要教会学生良好的学习方法，要根据学生的心理特点，来保护和激发学生的好奇心、求知欲，促使学生进行探究学习．即教师要善于利用学生已有的知识，进行知识迁移，以诱发学生深度学习，鼓励他们从"不敢问"到"勇于问""敢于讲"，并通过引导，教给学生好的学习方法，让学生做到既"敢"问、"想"问，又"会"问、"乐"问，进而提高学生探究学习的效率，为学生的终身学习打下良好的基础．

《语文课程标准》也提出："充分激发学生的主动意识和进取精神，倡导学生自主、合作、探究的学习方式．综合性学习有利于学生在感兴趣的自主活动中全面提高素养，是培养学生主动探究、团结合作、勇于创新精神的重要途径．"因此，在新课程改革的大环境下，我校积极推进课堂教学改革，深入开展素质教育和减负提质活动．随着素质教育的全面推进，课堂已经不再是教师"填鸭式"的满堂灌，而是"以学为本，以生为本"的新教学观，课堂教学应该以学生为主体．

著名科学家杨振宁说："如果说在过去还有可能一个人独立完成诺贝尔奖项工作的话，那么，进入20世纪80年代以来，尤其是进入信息社会以来，没有人们的共同参与、相互合作，任何重大发明创造都是不可能的．"现代教育理念认为，一个人今天在校的学习方式，必然会与他明天的社会生存方式保持着某种内在的一致性，而合作学习正是这种一致性的切入点之一．

合作学习是一种新型教学组织形式，一种新的教学理论和策略，是20世纪70年代首先在美国产生的. 80年代至90年代初, 我国各地也出现了合作学习的研究与实验, 并取得了较好的效果.《国务院关于基础教育改革与发展的决定》指出:"鼓励合作学习, 促进学生之间的相互交流, 共同发展, 促进师生教学相长."2001年, 教育部发布的《基础教育课程改革纲要(试行)》也指出:"改变课程实施过于强调接受学习、死记硬背、机械训练的现状, 倡导学生主动参与、乐于探究、勤于动手, 培养学生搜集和处理信息的能力, 获取新知识的能力, 分析和解决问题的能力以及交流与合作的能力". 值得注意的是: 合作学习在国外已有几十年开发与研究的历史, 它能启发学生自主地进行意义建构, 引导学生独立地完成学习任务, 并学会合作创新, 这已逐渐成为美国中小学教师的共识; 在我国, 合作学习正在被广大年轻教师运用到教育教学中, 但由于种种原因, 传统的教学模式在我国的中小学课堂中仍占主导地位, 教学活动仍强调接受和掌握, 忽视发现和探究, 接受学习仍成为众多学生唯一的学习方式, 进而被异化为"满堂灌""机械训练"和"死记硬背"; 不少学生依然处于被动应付、简单重复的学习状态中, 对学习内容一知半解、似懂非懂, 对学习失去兴趣. 这样的模式, 既不利于知识体系的建构, 更不利于创新精神的形成, 难以满足知识经济时代对社会成员在终身学习能力等方面的要求. 我校申报的《智慧校园创建下的三段六步高效课堂实践与研究》是高效课堂教学模式的研究, 该模式中的关键要义, 即学习行动小组和学习科研小组, 在三段六步式导学案中有合作研讨环节, 要求教师和学生能利用小组的力量进行有效的合作学习. 但大多数实践操作还处于探索阶段, 合作学习的潜力亟待开发.

"三段六步式"教学模式中的"合作学习"是我国新课程改革积极倡导和组织实施的学习方式, 教育部发布的《基础教育课程改革纲要》也把培养学生的交流与合作能力作为新课程改革的重要目标. 合作意识也是现代人才必备的基本素质之一, 但传统的教学模式中, 学生不能作为学习的主体参与教学, 学生的积极情感得不到体验, 创新意识品质得不到体现, 这样的教学模式直接影响着学生的合作精神的培养.随着知识经济的到来,培养学生的合作意识已成为学校教育的一项重要任务.另外,一些教师开展的合作学习流于形式,组织安排学生合作学习时不认真设计,针对性和有效性不强,没有留足合作时间,没有达到合作学习的预期效果.

通过本课题研究,我们构建了高效的语文、数学、英语课堂教学模式,探索出高效的方法策略,提炼出高效课堂中一些规律性的做法.这对于转变教师的教学观念,促使教师改变传统的教学行为,提升教师的创新意识和科研能力具有积极作用.同时,通过"同质分组",课堂上各学习小组将围绕不同目标开展合作与探究,充分调动了学生学习的主动性和积极性,使学生学会学习,学会交流,学会在合作中解决问题,真正成为课堂的主人,而且人人在课堂中有所学、有所得,在原有基础上得到最大程度的发展.

因此,改变传统的、过于注重知识传承的应试教育的教学方式,借鉴发达国家基础教育的成功经验,引导学生形成多元化、多样化的学习方式,已成为我国基础教育教学改革的当务之急.而探索既适应我国社会发展需要,又能汲取国外教育先进理念的培养人才模式,乃是学校教研工作的重要内容,也是工作的难点.

四、研究方法

（一）问卷调查法

组织课题组成员深入各年级调查分析我校学生学习上的现状,以对该课题的可行性进行分析研究.在实验前期、中期及总结阶段对学生进行调查分析,为完善智慧校园创建下的三段六步式高效课堂实践与研究提供理论依据.

调查问卷设计：

1.对学生：你喜欢学习吗？喜欢采用什么方式学习？如果不喜欢学习,请把你不喜欢学习的原因说出来.如果喜欢学习,请把你喜欢学习的原因说出来.

2. 对教师：您喜欢现在的教学模式吗？学生喜欢什么样的教学模式？学生喜欢您采用什么样的教学模式？您有没有导学案设置得好，使学生在课堂上的参与性非常强，教学效果非常明显的时候？

3. 对家长：您的孩子喜欢老师采用什么样的教学模式上课？喜欢自主学习吗？您的孩子是否喜欢自主学习和探究，对这一点，您了解吗？您认为应怎样才能培养学生的学习能力和思维能力？

（二）行动研究法

1. **比较分析法**.

将"智慧校园创建下三段六步式高效课堂"实验前与"智慧校园创建下三段六步式高效课堂"实验后学生的学习能力、成绩、调查问卷等进行对照比较，分析效果．在实施阶段，实验班教师要认真设计导、学案，特别是在问题的设计上要激情、激趣、激思，而且较之实施课题研究之前，以及普通班的学习情况，进行实验数据的搜集、比较和分析，以探究出教学设计和问题设置的可行性．

2. **实践与反思结合法**.

在研究中，以教学实践为依据，加强课堂教师教学行为和学生学习行为的载体研究，以智能评课系统统计数据、观课、评课、反思、跟踪为手段，分析研究师生"问题"行为改进的切入点，探究"智慧校园创建下的三段六步式高效课堂"有效模式．

（三）经验总结法

课题组成员要随时审视自己和学生的教与学行为，以经验总结的眼光和行动不断对研究过程（典型案例）进行总结、提炼和整理，对存在的问题提出改进措施，即时记载．课题组成员对课题进行过程检测、结论检测，对课题的资料、录像、案例进行检测，对工作成绩进行评估，以形成可推广运用的成功经验．

（四）文献资料法

课题组全体成员注意学习搜集有关文献资料，提高自身的理论水平和实践能力．

五、研究对象

实验班任课教师、实验班全体学生.

六、研究假设

1. 对实验前、中和后期的问卷情况进行数据分析，并根据分析结果制订研究的实施方案和阶段计划.

2. 充分利用智慧校园硬件、软件和三段六步式教学法，从导、学案入手，改进教师的教学方式和学生的学习方式，转变教师的教学观念.

3. 紧密结合教材内容，结合学生实际，设计精当的导、学案，以培养学生敢于合作和交流的意识，提高学生的学习能力及创新思维能力.

4. 将智慧校园硬件、软件与"三段六步式"方案有机结合，扩大学生的参与面，实现全体学生参与课堂活动的有效性，促使课堂高效.

5. 从"导学案"着手，研究"三段六步式"的方法、规律以及对学生学习兴趣的提升作用等，审视它的效用和价值.

七、实施步骤

根据本课题研究实际，拟定课题研究周期为两年，即 2019 年 3 月至 2021 年 5 月. 具体安排如下：

第一阶段：启动阶段(2019.03—2019.06).

1. 2019 年 3 月 10 日，成立课题研究小组.

2. 调查了解教师的教学现状和学生的学习现状，找准存在的主要问题并作为课题研究的切入点.

3. 召开专题会议，确立课题研究方向.

4. 2019 年 3 月 20 日，由课题组负责人胡波撰写课题申请、评审书，进行课题申报.

第二阶段：实验阶段(2019.08—2021.02).

1. 2019 年 10 月 14 日，举行课题开题仪式，发展校级子课题，开展形式多样的宣传，以激发课题组成员及课题实验教师研究的积极性.

2. 利用教研活动、教师业务学习时间、假期和全体教师集中学习时间组织教师学习"智慧校园""三段六步式""高效课堂"、新课程标准等相关方面的理论知识. 2019 年秋季学期，利用教师业务学习时间组织全体教师进行相关理论知识的学习，主要有：《新课程怎样教Ⅱ——课堂教学问题与对策》第 6 专题：课堂教学实施中的问题与对策——来自细节的力量、第 7 专题：学习方式转变中的问题与对策[1]；《教师课堂教学常见技能问题——以问题为中心的研究与培训》第四章：常见课堂教学提问技能问题的培训[2]；《听课、说课、上课》第八章上课：让教学彰显艺术的魅力[3]；《小学数学教学策略》第一章：数学教学策略概述[4]；《有效教学的理论与实践》理念篇辑一：什么样的教学是有效教学、实践篇辑一：有效教学设计[5]等. 根据课题阶段研究存在的问题，于 2020 年 8 月 25 日至 26 日，利用暑期集中培训时间对全体教师进行《师德师风》《小学课改思考》《如何让"语言"更好地服务于教学》《三段六步教学范式解读》《如何开展小组活动》《小组建设》等的培训.

3. 以数学教研组为研究主体，从四至六年级每个年级选定两个班作为实验班（四年级 1 班和 2 班，五年级 3 班和 5 班，六年级 2 班和 6 班），以三课活动（备课、上课、评课）为载体，开展实践活动与研讨交流工作.

4. 语、数、英教研组每学期按照学校教导处的整体安排开展课题研讨工作，其总体实施步骤是：

（1）组织课题组教师学习相关的理论知识.

（2）以导学案为基础集体备课.

（3）组内教师开展听评课活动.

（4）组内教师联合省、市、县名师工作室开展同课异构等活动.

（5）学校于 2019 年 10 月 14 日至 10 月 25 日举行第一届"智慧校

园创建下的三段六步式高效课堂实践研究青年教师基本功比赛"活动、于 2020 年 11 月 9 日至 13 日举行第二届"智慧校园创建下的三段六步式高效课堂实践研究青年教师基本功比赛"活动.

（6）执教者进行教学反思，总结经验，并形成书面材料，发表相关文章.

（7）对实验班和普通班的学习情况进行对比研究.

（8）实验班教师邹小飞上示范课"数学广角——烙饼问题"、申小飞上示范课"鸽巢问题"、邹启远上示范课"打电话"、杨余凤上示范课"找规律"、付梅上示范课"轴对称图形"、杨兴华上示范课"长方体和正方体的表面积"、舒远贵上示范课"三角形的内角和"、李玲玲上示范课"白云"、陈莹上口语交际示范课"自我介绍"、田雨上示范课"春游去哪儿玩"，并接受全体教师评定.

（9）进行校际交流形成学校办学特色. 2019 年 12 月 6 日，在我校开展遵义市小学数学胡波名师工作室、遵义市红花岗区第十小学和务川县第一小学联合教学研讨活动；2020 年 12 月 11 日，在我校，与仁怀市城北小学进行校际课题研究成果交流活动，我校邹小飞在执教"轴对称"时，利用贵州省微课平台中的任务管理平台及时反馈了学生的答题情况，这充分体现了现代化的教学手段在课堂教学中的运用，为我校研究的"三段六步"式高效课堂提供了技术支持.

（10）作为遵义市小学数学胡波名师工作室基地校，分别于 2019 年 10 月 16 日，开展了高效课堂教学改革活动（遵教名师办【2019】467 号）；2020 年 6 月 18 日，开展了同课异构课堂教学研讨活动（遵教名师办【2020】218 号）；2020 年 10 月 14 日，开展了微课应用教学研讨活动（遵教名师办【2020】515 号）；2021 年 4 月 14 日，开展了三段六步式教学研讨活动（遵教名师办【2021】号）.

5. 2020 年 5 月撰写课题研究中期总结，对已研究工作进行总结与反思，并在此基础上制订后期工作计划.

第三阶段：结题阶段（2021 年 3 月—2021 年 5 月）.

对课题研究进行后期分析，并和前期、中期调查问卷进行对比分析．以数据为依据，进行实证研究．

以教研组为单位进行课题汇报展示（陈莹执教的语言表述"自我介绍"；田雨执教的"春游到哪儿玩"；邹小飞执教的"轴对称"；申小飞执教的"鸽巢问题"；杨余凤执教的"找规律"；李玲玲执教的"白云"等），评出课改优秀教师．

课题组成员结合研究工作中的得与失，每人撰写一篇研究论文．由胡波撰写的论文《小学数学微课"四段式"教学模式研究》于 2019 年 11 月在《新课程导学》刊物上发表；由舒远贵撰写的论文《互联网+时代小学数学微课教育对策》于 2021 年 3 月在《教学科学》杂志上发表；由杨晓菲撰写的论文《数字化背景下小学英语课堂教学改革与创新》于 2020 年 1 月在《中学生作文指导》上发表；由邹小飞撰写的论文《"三段六步教学法"在小学数学课堂中的应用》于 2020 年 12 月在《中学生作文指导》上发表；由陈莹撰写的论文《"三段六步教学法"在小学语文课堂教学中的应用》于 2021 年 1 月在《花溪》上发表；由严位撰写的论文《智慧校园背景下小学数学"三段六步教学法"构建》于 2020 年 12 月在《中学生作文指导》上发表；由李玲玲撰写的论文《怀揣六步法宝，轻松上好小学低年级音乐课》于 2021 年 3 月在遵义市教科院论文评选中获一等奖；由田敏撰写的论文《"空中课堂"之体育与健康教学方式的变与思》于 2021 年 3 月在遵义市教科院论文评选中获三等奖．

整理和提炼研究成果．教研组成员搜集全部过程资料，包括：校级子课题资料（课题申报书和结题鉴定申请审批书）；县级课题"基于班班通环境下的小学数学'四段式'信息化教学模式构建与实践研究""直录播平台支持下的'跨学校、跨学科'同侪研修与实践"和"微课在小学数学中的应用研究"等资料；阶段实验总结报告、教学案例、微课视频、微信小程序布置的作业、智能评课系统评价表、课堂教学实录、论文、教学设计、案例分析、教学反思等．

撰写课题成果鉴定申请·审批书．

第二部分 研究基础

一、问题现状

自新课程改革实施以来，通过大量的听课、评课、说课、青年教师基本功比赛、教师参加各种优质课评选活动及领导深入课堂听课调研，以及近年来我校参与的县级课题"小学语、数教学如何质疑提问"和"远程教育有效融入小学数学课堂教学的研究与实践"；市级课题"推进课堂教学公平实验研究"和"小学数学课堂有效质疑提问的策略与实践研究"研究，发现大多数教师在课堂教学中存在着一些突出问题：（1）没有运用现代化的智慧校园硬件设施、设备为教育教学服务.（2）课堂上常见的是教师运用传统的教学手段和教学方法，教师问，学生被动答.（3）忽视了学生学习能力和合作探究意识的培养，甚至当学生在这方面有所表现时，教师视而不见，或未加思考地简单处理.（4）教师在设置问题的时候没有深钻教材、吃透教材，所预设的问题平淡肤浅、无启发性，或太深太难、笼统地问，这对学生的思维启发无任何作用，有时甚至抹杀了学生思维火花的碰撞.（5）学生对学习失去了兴趣，不再自主参与学习，有效性差，课堂气氛沉闷.（6）学困生入门难、不爱学习，而优生吃不饱、遗忘率高.（7）数学学科在新知呈现方式上的现实生活引入与知识联系之间的矛盾，语文学科的听、说、读、写训练之间如何更好地结合，并把写的能力训练提到十分重要的位置上，等等.这些现象对新课程的实施不是推动而是桎梏，影响教学质量的提高.那么，怎样提高课堂教学效率，并正确评价学生的学习成效；如何改变传统的课堂教学模式，让学习基础、学习能力有差异的学生在同一课堂中都在最大程度上得到发展，这些都是改变课堂教学现状的研究方向，也是本课题研究的目的.

二、研究背景

"智慧校园"是指未来校园的信息化，即应该具有无处不在的便捷的上网环境，拥有一个系统（物联系统）接入——支持各种智能终端、设施、设备联网的环境．按照此设想，未来的智慧校园必须拥有一个平台：一是网络基础设施；二是服务模式和基于物联网的楼宇能耗监控网络系统建设、平安校园网络管理系统建设、自助图书网络管理系统建设，等等．"智慧校园"已引起大中院校及具有前瞻发展需求的中小学校的关注．

未来，"智慧校园"将在"超前部署教育网络"背景下进入大选择、大调整、大发展期，应当在我国教育信息化进程中发挥重要作用．但是，当前，"智慧校园"建设尚处于探索阶段，主体在"智慧"中的作用还没有引起倡导者的足够重视，"智慧"尚停留在主体"对象"的意义上，"智慧"在数字化校园建设培养创新精神和实践能力方面的应有意义并没有得到学校充分的重视，这些均影响着"智慧校园"应有的重要意义的发挥．为了在全市中小学校中起引领和示范作用，我校已成功申报市级"智慧校园"课题项目，其中，硬件设施在县教育局的主持下安装了一间录播教室、一间梦想教室、40套"班班通"设备、教师一人一台计算机；软件设施有：在录播教室安装了智能评课系统、遵义智慧教育云平台资源库、教育101、贵州省中小学微课活动平台、班级微信群、qq群、微信小程序、钉钉，等等．

然而，教学模式的产生，不外乎归纳和演绎这两种主要方式．无论是从教学经验中提升、归纳而成，还是从教学理论中演绎而成，教学模式一旦成型，就意味着它将开始另一段生命史，那就是到更为广阔的教学实践中去发挥作用并从中得到发展[6]．智慧校园创建下的"三段六步式"高效课堂教学模式作为一种新时期由实践经验归纳而成的教学模式，必须赋予丰富的内涵及坚实的理论基础．因为，任何一种教学实践经验要想被更多的教学实践者所理解和接受，必须以科学可靠的教学（学习）理论作支撑[7]．正如乔以斯和威尔所说："每一个模式都有一个内在的理论基础.也就是说,它们的创造者向我们提供了一个说明我们为什么期望它们实现预期目标的原则."[8]

《国家中长期教育改革和发展规划纲要(2010—2020年)》提出:"要把教育资源配置和学校工作重点集中到强化教学环节、提高教育质量上来."课堂是教学的主阵地,是提高教育质量的关键所在.《新课程标准》也提出:"要改变课程实施过于强调接受学习、死记硬背、机械训练的现状,倡导学生主动参与、乐于探究、勤于动手,培养学生搜集和处理信息的能力、获取新知识的能力、分析和解决问题的能力以及交流与合作的能力."

新课程极力倡导"自主、合作、探究"的学习方式,我校采用的智慧校园创建下的"三段六步式"高效课堂教学模式,就是为了转变学生以往的传统学习方式,由被动听、被动回答,转变为积极主动地思考,进而提出问题、探究问题,达到对学生思维能力培养的目的.苏霍姆林斯基说:"教育,就其广义的意义来说,是一个受教育者和教育者都在精神上不断地丰富和更新的多方面的过程.同时,这个过程的特点是各种现象具有深刻的个体性:某一条教育真理,在第一种情况下是正确的,在第二种情况下是无用的,而在第三种情况下则是荒谬的了."[9]为此,在教学中,要教会学生良好的学习方法,要根据学生的心理特点,来保护和激发学生的好奇心、求知欲,促使学生进行探究学习,提高课堂效率.即教师要善于利用学生已有的知识和经验,诱发学生深度学习,鼓励他们从"不敢问"到"勇于问""敢于讲",并通过引导,教给学生学习方法,让学生做到既"敢"问、"想"问,又"会"问、"乐"问,从而提高学生的探究学习效率,为学生的终身学习打下良好的基础.

课堂高效是新课程改革的目标之一.所谓的高效是指将传统课堂教学中的"少、慢、差、费"转变为"多、快、好、省",课堂效率由"事倍功半"变为"事半功倍",从而实现课堂效益最大化,使学生能"又好又快地发展".高效课堂教学的主题是分层.而分层教学在教育理论研究中是一个颇受争议的话题,它的出现对教学组织形式是一次重要变革.对分层教学的研究始于西方,其雏形是1868年美国教育家哈得斯创立的"活动分团制".而在我国春秋时期,孔子关于"因材施教"的教育主张;唐朝学者韩愈提出,要根据学生的能力、特长等因人施教,使之"各得其宜";明代著名教育家王守仁"随人分限所及"的教育主张,等等,都孕育了分层教学的理念.近代,朱之善在1914年实施的"分团教授法"算是中国分层教学实验之始.而美国的"分层教学"与"小班化"教学,"主体教育"与"赏识教育"相结合,更能发挥学生的自主性.20世纪80年代以来,我国引进了分层教学概念,国内各省市都有学校进行分层教学的研究和实践,其中,不乏成功的例子.全纳教育强调的是"要加强学生参与,减少学生的被排斥",这体现了加强普通教育的两大内涵,即教育的平等和教育的多样化.其中,教育平等包含两层意思:一是每个人具有相等的机会,接受最基本的教育;二是每个人都具有相等的机会,接受符合其能力发展的教育[11].我校申报的课题研究中的"三段六步式"教学模式中的小组合作就设计了分层教学,即把不同的学生进行分组整合,以使每一位学生在每一节课都有所收获.

三、相关研究文献综述

主要参考文献有:

[1]《新课程怎样教Ⅱ——课堂教学问题与对策》第6专题:课堂教学实施中的问题与对策——来自细节的力量,第7专题:学习方式转变中的问题与对策.

[2]《教师课堂教学常见技能问题——以问题为中心的研究与培训》第四章:常见课堂教学的培训.

[3]《听课、说课、上课》第八章上课:让教学彰显艺术的魅力.

[4]《小学数学教学策略》第一章:数学教学策略概述.

[5]《有效教学的理论与实践》理念篇辑一:什么样的教学是有效教学,实践篇辑一:有效教学设计.

[6] 叶丽新. 走出"假性"繁荣——浅论我国教学模式理念的模糊性及对策[J]. 教育理论与实践，2003，23（2）：54-57.

[7] 刁维国. 关于对教学模式研究的再认识[J]. 教育探索，2008，（12）：27-29.

[8] JOYCE B, WEIL M. Models of teaching[M]. Third Edition. 北京：中国轻工业出版社，1986：2-3. 转引自李如密. 关于教学模式若干理论问题的探讨[J]. 课程教材教法，1996，（04），25-29.

[9]【苏】苏霍姆林斯基. 给教师的建议[M]. 杜殿坤 编译. 北京：教育科学出版社，1984，452.

[10] 华国栋. 差异教学论. 北京：教育科学出版社，2001.

[11] 王珩. 全纳教育哲学与教育民主. 中国特殊教育，2003，（5）：2.

第三部分　研究讨论

一、实施课堂典型引路，积极提炼课型模式

1. 课例引路策略.

实验启动阶段教师问卷调研表明：绝大多数教师能以新课程理念为指引，逐步尝试进行课堂教学方式改革，利用现代化的教学手段辅助教学，组织学生开展自主学习、小组合作学习、科学探究等学习活动. 然而，不论从学生参与度、师生互动，还是实际的教学效果来看，教师之间、学生之间的差异是很大的. 为此，我校举办了两届智慧校园创建下的三段六步式高效课堂青年教师基本功比赛、教研组研讨活动（三十余次）或校际交流（五次）、走出去（二十多人）、请进来（十多人）等各项活动. 同时以优秀课例（胡波执教的"探索图形"、舒远贵执教的"三角形的内角和"和邹小飞执教的"统计"等）、名师示范来引领其他教师实施课堂教学改革（省级教学名师胡波；市级骨干教师何伟、冯强武、覃晓英、邹小凤、王晓岚和覃义波；市级优质课比

赛获奖教师文哪吒、陈莹、徐芳、张荣等）．另外，在每学期开展的"教学常规检查"中，我们结合日常推门听课情况，选拔一批能较好体现新课程课堂教学理念的教学骨干开设示范课，结合说课、评课与讲座等活动，使全体教师感受课堂教学改革的方向，把握自主学习、合作学习和探究学习方式与智慧校园创建下的三段六步式高效课堂的基本课型．据不完全统计，研究两年来，我们利用各种途径，先后举办三十余次课堂教学研讨活动，先后有百余人次执教示范课和研究课．在这种以课例引路的教研活动中，广大教师不仅接受了新课程理念、掌握了课堂教学改革思路，而且产生了较好的辐射、引领效应，有力地推动了我校课堂教学改革的实施．

2. 成果引路策略．

在两年的课题研究中，我们积累了很多教学经验和一大批教学成果（特别是微课六十多节和录像课三十多节）．为使这些经验和成果能及时转化为教学生产力，我们以我校上交的省、市、县优秀教学案例、优秀教学论文、优秀微课和优秀教学课件为基础，围绕课堂教学改革等课改热点问题，开辟了学校 qq 群研讨专栏，介绍了他们的教学经验和成功做法，有效地引导了我校的课堂教学改革，也为全体教师实现教学方式的转变提供了大量的感性材料．

二、转变传统的学习方式，引导学生学会学习

转变传统的学习方式，概而言之，就是要改变原有单一、被动的学习方式，建立和形成旨在充分调动、发挥学生主体地位的多样化的学习方式，促使学生在教师指导下主动地、富有个性地自主学习．那么，如何把这些原则性要求具体转化为课堂教学的实践呢？我们的做法如下：

首先，在转变学生的学习方式上找准生长点．

其次，学生学习方式的转变应探求多样性．在具体操作实践过程中，一方面，我们强调，不管采用什么样的学习方式，都要注意培养

学生的批判意识和怀疑精神，鼓励学生对书本进行质疑以及对教师的超越，赞赏学生富有个性化的理解和表达．另一方面，我们大力倡导和鼓励实验教师根据不同的教学内容、教学对象和教学条件，利用现代化的教学资源和教学手段大胆创新、形成各具特色的课堂操作模式．

最后，学生学习方式的转变应注重实效性．具体来讲就是，教学内容的选择坚持以学生为本，体现学习知识生活化和可选择性；创设情境、激情引趣；鼓励质疑，引导学生合作学习、主动探究；注重活动经验的体验，使学生在活动中增强能力、培养情感意志；关注学生的学习过程，使学生学会学习；精心组织，营造宽松、民主、愉悦的学习环境．

三、切实加强学校教学的常规有效性研究，全面提升教学质量

为充分、合理地利用课堂教学时间，提高教师教学的实效性，充分发挥课堂的主渠道作用，提高课堂效率，我们对课堂教学的各个环节，结合广大教师的课堂教学实际，进行了深入剖析，形成了三段六步式高效课堂教学模式．通过各个教研组的教研活动，我们已将这一教学模式贯彻落实在每一位教师的日常课堂教学中，并与教师的评先选优相结合．

1. 有效备课．

教学目标设定之后，根据导学案的需要，教师大致确定用何种教学方法来实现这些预定的目标．有效的课时计划，不仅要有具体的教学方法的使用，更要考虑方法组合模式的灵活运用，即教学方法、组织形式与课堂管理因素的组合，同时使之形成一个连贯的整体，以便为实现课堂教学目标服务．每学期，我们都以年级备课组的方式进行集体备课，下一步将运用电子备课平台，充分发挥集体智慧，进行有效备课．

2. 有效提问．

在三段六步式高效课堂教学模式下我们要走出"满堂问"的误区．

"满堂问"在目前的课堂教学中几乎成为普遍现象,特别是乡镇学校,教师的新习惯是通过自己设定"问题"带领学生去找寻系列"标准答案"."满堂问"与"满堂灌"相比,虽然在形式上让学生参与到教学中,但在本质上是一致的,都没有把学生真正当作学习的主人,没有给学生提供自主学习、独立思考的空间和时间,没有从根本上变革学生被动接受的传统教学模式.

3. **有效讲授**.

有效讲授是指为吸引学生的注意力,在可讲可不讲处,不讲;在关键点处,必须讲.为此,教师在备课时,首先要考虑如何在上课一开始就设计精彩的教学环节以吸引学生的注意力,这在教案中就要设计好采用什么样的方式吸引学生的注意力.

4. **有效倾听**.

真正有效的提问是在认真倾听的基础上产生的.学生一旦主动学习,教师的责任就由讲授、提问转换为仔细倾听,并让学生感到教师在倾听.教师的反馈行为会在很大程度上鼓励或者妨碍学生的参与.教师在提问过程中若能显示出对学生的关注和欣赏,就能够极大地鼓励学生回答问题,培养学生的自信心.面对回答问题有困难的学生,教师要认真对待;面对错误答案,教师不要打断学生的回答,因为这样学生会感到沮丧而不再愿意积极主动地参与课堂活动.教师需要容忍"不同",需要发现学生的闪光点,需要给予学生知识上和情感上的鼓励,必要时教师需要"追问""补充",并"赏识"学生的回答,这会让学生感觉到教师一直在关注他们.

5. **有效激励**.

其实,期望也是一种鼓励,而鼓励并不限于口头表扬和赏识,更多的是教师的一个眼神、一个手势,等等.当学生开始学习一项新的任务时,一种支持性的、安全的、平等的、民主的、开放的课堂环境对学生来说就是一种鼓励.这种课堂环境可以促使学生开始学习一项新的或不熟悉的任务.另外,还要让学生感觉到你所布置的任务是现实的、重要的,你会帮助他们完成,必要时,他们会得到你的帮助.教师对学生的高期望可能给教师带来更大的投入．教师对学生的这种积极态度和努力也会感染学生，使学生把教师的期望内化为自己的期望，从而增强其自信心，并努力取得成功．

四、坚持课题带动，不断提高课堂教学的实效性

一种明确的教改思路、一个可操作的教学模式，固然为课堂教学改革提供了可能，然而，教学改革的关键并不在于形式上的变化，而是要充分体现课堂教学的有效性．为此，我们围绕新课程倡导的自主、合作、探究等学习方式，坚持用教育科研的方法来审视既定的教改思路和教学模式，在学校发展了三十多个校级课题，并以教改实践中发现的问题为课题开展研究，用研究的成果来提高课堂教学的实效性．

1. 充分发挥学生的主体能动性．

要充分发挥学生的主动性和积极性，就要改变学生以往那种上课动手不动脑的习惯，并以此来激发学生的学习兴趣，激活学生的思维灵性，发挥学生的自主学习精神，培养学生的合作学习习惯，进而培养学生的创新能力．这种教学方法采取的是双向沟通的方式，可使学生在课堂上不仅要听老师授课，而且还能提出自己的见解、观点，并与老师、同学共同探索，从而使课堂教学由原来单纯的传授知识转变为探索知识的过程，让学生也从以前单纯的受教育者转变为课堂的真正主人，逐步实现"师生互动、和谐共生"的教学目标．

2. 加强课堂的吸引力．

要加强课堂的吸引力，教师就要为学生提供丰富的信息，将课堂教学与现代化的教学技术接轨，使学生在课堂学习过程中既接受丰富的知识，又能接收到当前最新的资讯，有利于激发学生学习的兴趣，开阔学生的视野．同时还能增强学生学习先进科学技术的意识，培养其创新精神，增强其适应社会的紧迫感和责任感．

3. 有关小组合作学习方式的探索．

在实验中，我们发现"小组合作学习"是学生和教师最欢迎、也

是使用最普遍的课堂教学方式．然而，通过听课、调研和座谈发现，教师在开展小组合作学习活动中，存在诸多问题，如组内分工不明确、分组方式不合理、学生参与面窄，等等．因此，如何提高学生参与小组合作学习的意识，如何培养学生善于合作与交流的能力，事关课堂教学实效性的提高．为此，各教研组着重研讨"提高小组合作学习的实效性"问题，通过学科研讨、观摩教学、教师座谈、学校交流和外出学习等活动，初步形成了"小组合作学习"的教改思路和教学模式．

鉴于上述实践活动，经过全校师生的共同努力，历时两年，我们取得了可喜的阶段性成果：

1. 探索出提高课堂教学实效的三段六步式高效课堂教学策略和教学模式．

在探索提高课堂教学实效的三段六步式高效课堂教学策略和教学模式的过程中，锻造了一批优秀教师队伍，同时又有计划有目的地培训了各科专业教师．培训方式有：请相关领域的专家讲座，派学科骨干教师外出学习交流，鼓励教师撰写论文、赛课方案，等等．通过培训，全体教师均有很大收获，基本掌握了提高课堂教学实效的三段六步式教学策略（有效讲授、提问、倾听、反馈、活动、评价等），取得优秀教学成果；赛课方案和论文也频频获奖．

2. 更新了教育理念．

先进的教育理念是改革的先导，因为理念指导着行动．通过课题理论的学习、实践和反思，全体实验教师和课题组成员均接受了新的教育理论，并在平时的课堂教学中积累了成功的案例，同时探讨了学生的主体性特点．在坚持以人为本的教育思想指导下，保持了民主、平等的师生关系，改善了课堂氛围，提高了教学水平．

3. 实现了学生学习方式的转变，提升了学生的综合素质．

我们的课题组成员都是精选的各学科优秀教师，随着课题研究活动的逐步深入，现在，无论是研讨还是评课，课题组老师都能够围绕课堂实效和学生素质发展情况大胆地提出自己的见解，说出自己的困惑和思考，并不断研讨学生自主、合作、探究学习方式和良好习惯的养成教育.课题组的每个老师也都能根据课题实验情况写出总结,并将自己的体会整理成论文或教学实录.这进一步推动了我校各级课题的深入研究.

4. 积累优秀教学论文.

教师们在智慧校园创建下的三段六步式高效课堂教学研究这块园地里积极地进取,取得了可喜的成绩,得到了教育主管部门的认可.同时也推动了我校课堂教学改革的深入发展,全面提高了学生自主学习、合作学习和探究学习的能力.

第四部分 研究结论或发现

一、研究结论

通过"智慧校园创建下的三段六步式高效课堂实践与研究"课题研究,课题组成员和务川县第一小学全体教师共同得出结论:课堂核心在于"效",高效的教学模式能促进课堂的高效能.而教师合理地利用智慧教育资源,在三段六步式框架下构建高效课堂教学模式的目的在于:充分发挥学生的主观能动性,尊重学生的学习主体地位,使学生主动地获取更多的知识,提升各方面的情感与技能,满足终身学习发展的需要.智慧校园创建下的三段六步式高效课堂的核心是——**改变教师的教学行为,改变学生的学习方式,创建一个民主、和谐的以自主、合作、探究学习为主的,以学生为本的课堂**.对此,教师要坚持做到以下几点:

1. 发挥网络资源促进教师专业发展和学生便捷学习方式及数据统计的功能. 例如:2020年12月11日,邹小飞老师在我校与仁怀市城北小学校际交流活动中,运用智能手机下载贵州省中小学微课活动任务单管理App,执教"烙饼问题"时,就充分利用微课活动平台数据统计功能及时找出没有掌握知识的学生,重新组织教学,同时又恰当地利用了网络微课资源"烙饼视频"再现烙饼现场,帮助学生理解抽象问题,教学效果非常好,得到参加活动的教师的一致好评.2021年3月,在全县直播课展示活动中,我校邹小飞执教的"轴对称",就充分利用了班班通设备、希沃软件的游戏投影等交互功能以及贵州省中小学微课活动任务单管理 App 和我校正在探究的三段六步式效课堂教学模式,得到了专家评委的一致好评,并代表务川县参加全市的班班通比赛.

2. 充分利用现代化的教学资源,结合三段六步式课堂教学模式,融自主学习、协作学习、探究学习为一体,创建了高效课堂教学模式.例如:杨晓菲老师执教的"Unit 4 We love animals-C-story tine"一课充分利用英语对话微课教学资源,结合"三段六步式"高效课堂教学模式,在全省 2019 年"一师一优课,一课一名师"活动中获省级"优课"二等奖;胡波执教的"正方体涂色问题"一课利用希沃白板的交互功能,融入"三段六步式"高效课堂教学模式,在"2020 年贵州移动和'校园杯'教师技能大赛"中荣获教学优质课一等奖;覃义波老师执教的示范课"My home"利用微视频替代学习新课内容在《教育部—中国移动科研项目"信息技术支持下的区域教研模式研究及试点"》课题研修活动成果展示中得到了参评教师的一致好评;舒远贵老师执教的示范课"平行四边形的面积",利用微视频替代平行四边形剪、拼等操作活动过程,提高了课堂效率,增加了教学内容,并作为课题《微课在小学数学教学中的应用研究》的展示课;陈莹老师在务川县第八届语文优质课评比中执教的语言表述课"自我介绍",成功利用了微课和导学案,得到了评委的一致好评,被评为一等奖,并代表务川县参加遵义市语文优质课城区组比赛;申小飞老师在务川县第七届数学优质课比赛中执教的"鸽巢问题",利用导学案上了一节成功的课例,得到评委的一致好评,被评为一等奖,并代表务川县参加遵义市数学优质课城区组比赛.

3. 形成预习指导管理的方法和策略.课前预习有利于培养学生的自学能力,预习也是上好课的基础.在老师明确预习任务要求下,学生进行充分的预习准备,可以有效缩短新课的教学时间.也就是,对大家都会的知识不讲，只讲和点拨大多数学生存在疑惑的问题．我校教师结合各学科教学特点积极制作微视频用于教学中，提高了学生的自学能力，有效缩短了学习时间，保证了课堂效率．在"贵州省教师教学技能大赛——第二届（2019）中小学教师微课应用暨竞赛活动"中，我校教师有7人荣获一、二、三等奖；在2020年务川自治县中小学教师"微课比赛"评审中，我校教师有18人荣获一、二、三等奖；在"遵义市第二届（2020）中小学微课应用比赛"评选活动中，我校教师有16人荣获一、二、三等奖；在"贵州省教师教学技能大赛——第三届（2020）中小学教师微课应用暨竞赛活动"中，我校教师有10人荣获二、三等奖；在务川县第七届优质课比赛中，我校教师有4人荣获一、二等奖．

形成智慧校园创建下的三段六步式高效课堂教学模式，有以下几个环节：

第一段：预习导学．

第一步：看：先让学生预习．（利用微课资源、省微课任务管理器平台）（必须放在课堂上）

第二步：讲：1. 结对帮扶：对子之间互帮互学、组长帮带；2. 老师重点讲解（老师讲的都要板书在黑板上）；3. 要充分发挥三色笔的作用；4. 对这一部分，小组也可以有展示，但老师要控制数量并做好"课堂100分"记录表．（因为这一部分是基础性的知识）

第二段：探究新知．

第三步：议：小组先讨论．

第四步：讲：1. 小组展示；2. 小组补充、质疑；3. 教师点拨、归纳、总结（老师讲的都要板书在黑板上）；4. 做好"课堂100分"记录表．

第三段：达标测试．

第五步：练：学生先做．

第六步：讲：1. 相互批改；2. 对子之间互帮互学、组长帮带；3. 老师重点讲解易错点．

二、采取的措施

为了确保以上模式的顺利实施，我们采取了以下措施.

（一）有效预习

1. **教学生基本的预习方法**. 通过预习指导课及课堂学法指导，使学生掌握了基本的预习方法，同时引导学生总结方法，形成能力. 而教师要在平时的教学中有计划、有步骤、循序渐进地渗透学法指导；要及时督促检查，引导学生回顾自己的学习过程，进行预习方法的交流总结，使预习真正成为学生的自我学习活动，进而培养学生良好的预习习惯，并形成能力.

2. **建立预习方法资料库，资源共享**. 为学生设计形式丰富多样的预习方法，可以有效发挥学生的主体作用. 通过自主学习、小组合作探究等，可以使学生动脑、动口、动手，让他们体会预习的乐趣，品尝成功的喜悦. 例如，语文学科设计了搜集资料型预习法、表格型预习法、观察型预习法、实验型预习法、质疑问难型预习法、广泛阅读型预习法等11种预习方法；数学学科设计了任务落实预习法、笔记预习法、温故知新预习法、尝试预习法、动手操作预习法、合作式预习法等9种预习方法；英语学科设计了尝试预习法、情境预习法、阅读预习法等5种预习方法.

3. **开展预习评价研究**. 为了提高学生的预习兴趣，我们设计了跟踪评价、趣味评价、重点评价、阶段评价等预习评价方式.

4. **借助月分析表，加强教师指导预习工作的管理**. 为了加强教师指导预习工作的管理，数学学科设计了《学生预习情况月分析表》，并对学生的预习效果和预习参与率进行跟踪分析. 月分析表的建立，有利于教师有意识地审视预习方法的效果与适用度，有利于教师总结不同课型的预习指导的具体策略和预习效果. 这些方法是通过亲自教学实践研究而得出的，具有较强的针对性和可操作性，对一线教师提高教学效率，有着实践意义上的指导作用.

（二）设计并优化导学案

导学案是利用学案导引学生自主学习的一种模式，也是促使学生主动进行知识建构的模式．导学案注重的是学生在教师的科学引导下合作探究与自主学习的过程．它不仅有导学的作用，还有"导教"的功能；不仅是沟通教与学之间相互关系的纽带，还承担着引导和培养学生自主学习能力的作用，也就是引导学生在学习过程中确立适当的学习目标、使用恰当的学习方法．为此，科学地编制导学案，是构建"三段六步式"高效课堂教学模式的重要内容．

1. **创建"三段六步式"高效课堂教学模式导学案模板．** 导学案以"三维目标"的达成为出发点和落脚点，在充分尊重学生主体地位的前提下，积极发挥教师的主导作用，通过科学有效的训练，达到课堂教学效率的最大化，将知识问题化，能力过程化，情感、态度价值观的培养潜移化．各学科教师已研究出体现各学科特点的学科模式，各学科教师也在本学科模式下研究出不同课型的教学模式，如：新授课、复习课、习题课、试卷讲评课、作文课、阅读课、实验课等各种课型．我们学校已在全校语文、数学、英语学科中推广并优化导学案的使用，提高了课堂效率．

2. **导学案编写的四大原则：** 一是课时化原则．力求一课时一学案，按课时内容确定导学案的内容，这有利于调控课时学习的知识量，加强课堂教学的计划性、针对性和时效性．二是问题化原则．开展问题式导学，通过一个个具有探索性的问题，引导学生进入自主学习模式之中．问题的设置，针对性要强，学科信息要准确，要由浅入深，由易到难，充分考虑学生的个性和认知规律．三是方法化原则．教师要站在学生的角度去设计导学案，导学案中的学习目标设计、疑难问题提示、解题思路、方法和技巧等指导性内容及要素，要构成一条明晰的学法线．四是层次化、递进性原则．导学案的设计，要体现因材施教原则，以让不同层次的学生都能得到发展．设疑应首先考虑其知识的层次性和个体的差异性，导学导练要有适当的梯度．

（三）加强学习小组建设，培养合作探究学习能力

建立有效的学习小组，培养学生的合作探究能力是"三段六步式"课堂教学模式的重要学习方式．我们从以下四个方面加强学习小组建设：

1. **科学搭配，建立固定学习小组**．组建班级学习小组时，形式上要化大为小，每个小组可以是 6 人，最合适的是 4 人小组，人数超过 4 人的，合作学习实效性就会大大降低；另外，要采取小组成员之间学科成绩的好中差搭配，乐于发言的与羞于发言的搭配，善于管理、肯管理的与自理能力差的搭配，从而形成优势互补．

2. **着眼实效，建立有序合作常规规则**．在小组学习时，实行组长统筹制．在自主探究时，组长在完成自己的学习任务后，可协助老师督导组员完成学习任务．在合作交流时，各子小组先自行交流，以让每个学生都有发言的机会；之后，一号组长再统筹各子小组的交流情况，将大家的疑难问题集中讨论，对仍解决不了的再反馈给老师．这种既有自上而下的分工，又有自下而上的学习总结模式，可使每个小组成员在一定的合作规则下参与学习，调整学习行为，取长补短，进而不断完善自我．

3. **关注成长，培养基本合作能力**．在合作交流时，老师先把各小组反馈的情况搜集整理，然后交叉分配给各小组板书、讲解任务；各小组分到任务后，一般是板书的同时讲解学生梳理的内容．具体做法是：二号组长带领一名或几名组员板书，一号组长组织剩余组员帮助讲题的同学将讲解任务梳理清楚．在讲解过程中，对讲解不到位的先由本组其他成员补充；对还不到位的，再由其他组的成员补充；对都不到位的，再由老师补充．这样既可以省时，又能培养学生搜集问题、表达观点、讨论和倾听等能力．

4. **以评促建，建立有效小组学习评价机制**．建立小组学习评价机制，制作小组学习评价表，采取小组自评、互评、教师评价的方式，可对小组整体和学生个体的学习情况、学习成果予以及时评价，进而

鼓励学生敢于探究，乐于探究，勇于创新.

"小组合作交流"学习是高校课堂教学模式研究中提出的新方式.在高效课堂教学模式中，我们提出的分层学习以"组内同质"为主，"同质、异质相结合"，让学生在各自的小组内通过合作探究、讨论、训练，提高学科技能.而其中更强调自主训练：合作——强调分工，人人有任务；交流——强调独立思考，必须在充分独立思考后再与组员交流.这样，变"师讲、生听"为"师导、生探"，以"练"为核心，通过学案（分层训练题）使学生自主探索，分层训练.

探究型学习是"三段六步式"课堂教学模式的灵魂，它能激发学生探究学习的热情.这种以"问题"为核心，以"学生"为主体，积极创设情境和条件的学习模式，能够引导学生进行探究，而且还能使学生做到乐探究、会探究，从而为每一个学生提供积极参与课堂学习的机会，使每一个学生获得自主发展，让每一个学生享受学习的乐趣.我们开展的探究型学习重自主探究、重分工协作、重有效指导、重科学评价.

（四）精心设计课堂训练，创新和优化作业设计策略

我们将练习作为教学必备环节，精心设计，要求每课必练."当堂训练"的目的有两个：一是检测每一个学生是否当堂都达到了教学目标要求；二是引导学生通过练习把知识转化为解决实际问题的能力.我们采用较多的是"自我学习单"式的当堂训练，各学科根据不同课型设计当堂练习学习单，做到有的放矢，努力实现当堂训练的目标性、多元性、层次性、拓展性、延伸性和可持续性.

在实践中，我们总结出当堂训练的四大原则：

1. 训练时间要符合学生的年龄特点. 课堂上,要根据教学内容和学生的年龄特点确定训练时间，不宜过长，也不宜过短，但要给足.例如，低年级语文课上写字训练时间不少于8分钟.通常我们要限定时间来完成练习题，这样学生会有一种紧迫感，学习起来也十分认真，从而培养学生在紧张、快节奏的情况下完成训练任务，而不是拖拖拉拉.

2. **训练内容要有的放矢**. 为此,教师课前要吃透教材,要紧扣教学内容、课程标准来精心设计训练内容. 当堂训练不能大而空,要具体明确,富有启发性,便于学生理解新知识,找到规律,而且能够运用新知识解决实际问题.

3. **训练方法要丰富多样**. 设计训练题时,可以是圈圈画画、填填写写、读读背背、说说议议,也可以是做检测题,还可以是板演,或者是动手操作. 总之,教师要根据教学内容和目标要求来确定训练方法.

4. **训练结束时要及时反馈**. 当堂训练后老师要根据学生回答问题的情况进行反馈,对发现的问题,要及时帮助学生解决,同时要调整自己的教学策略;发现优秀的,应给予表扬. 这样有针对性地解决问题,可以节省时间,课堂教学才能达到有效和高效的统一.

另外,我们还要优化作业设计,创新作业形式,丰富作业内容,以激发学生的学习兴趣,切实减轻学生的课业负担. 为此,应从以下几方面入手:

一是改变作业形式,呈现多样性. 要根据学科特点,引入口头作业、体验性作业,如查(字典、资料)、画(文中美景、数学图形)、演(课本剧、情景剧)、制(学具、模型)、创(想象写话、自编题目). 要根据作业的难易程度和实际需要,让学生可以自己独立完成,也可以几个同学合作完成,甚至可以请家长、老师及能给予其帮助的人来共同完成.

二是改良作业内容,体现开放性. 在设计作业内容时,要做到立足课本,着眼课外,放眼社会. 如尝试将简单地写日记变为"5+1"纸上微博和循环日记. 其中,"5"代表从星期一到星期五,每天几句话,记录所见所闻所感;"1"是指每周一篇,记录一周来感受最深、最愿意与人分享的事情,内容相对较丰富. 循环日记是在同一本日记本上,由学生每人每周写一篇,并进行自评、互评,教师、家长参与评价. 对于这样的作业,学生觉得更有意思,从而增强了学生习作的热情和信心,也促进了学生习作水平的提高.

三是改进作业要求,突出层次性. 设计作业时,要从学生实际出发，针对不同层次的学生，设计不同水平的作业，即设计基础练习、发展练习、创新练习等多梯级的"超市型"分层作业，以便让学生根据自己的需要和能力自主选择作业的数量、内容，使作业既有统一要求，又能兼顾到不同水平的学生．我们还将学生的作业分为必做题和选做题．其中，必做题作业面向全体学生，重在巩固基础知识；选做题作业面向优等生和部分中等生，重在培养他们运用知识的能力、实践能力和创新能力，进而促进不同层次的学生得到不同的发展．

四是改革作业设计主体及设计形式，彰显自主性．设计作业时，可以让学生自主设计并编写作业，将主动权交给学生，这更有利于学生思考，有利于学生提出问题．另外，教师还可设计个性化作业，让学生自主完成．这样的作业设计，少了份束缚与负担，更多的是自由和乐趣．

（五）关注师生共同发展，体验师生双向成长

在大力推进《智慧校园创建下的"三段六步式"高效课堂教学模式的实践与研究》情况下，教师和学生都在发生着变化，都深深地感受到进步与成长带来的快乐以及由此体验到的生命构建之意义．

1. **学生之变**．

自实施智慧校园创建下的"三段六步式"高效课堂教学改革以来，学生的学习兴趣更浓、热情更高，同时也变得更加自信．最突出的是"学困生"的转变，他们开始转变学习态度，不良学习行为也得到纠正，在互助小组的帮助下，学习兴趣逐渐提高；中等生在小组长的带动下，创新意识有所提高，能发现问题和提出问题，并逐渐向优等生转变；优等生的管理能力和表达能力表现得更加出色．可以说，通过"三段六步式"高效课堂教学，不同层次的学生都在发生着积极的变化，他们在学习、交流、探讨、竞争和合作的过程中，逐渐发现自己、发现他人，逐渐学会质疑、学会解疑，逐渐学会竞争与合作，并在合作中实现共赢．学生在学习方式上实现了如下几方面的突破：

（1）**激发了学习兴趣**．学生的学习热情更加高涨，认真听课程度、

讨论问题的参与度都得到大幅度提高. 就连成绩较差、学习习惯不好的学生, 上课也能积极参与, 对较简单的问题也能积极发言, 学习成绩正在慢慢提高.

（2）**提高了语言表达能力、想象能力和表演能力等各方面能力**. 叶圣陶先生讲: "教师之为教, 不在全盘授予, 而在相机; 必令学生运其才智, 勤其学习, 领悟之源广开, 记熟之功弥深, 乃为善教者也." 在教学过程中, 学生既是教的客体, 又是学的主体, 我们要充分发挥学生的主体地位, 使学生真正成为学习的主人. 学生也会由此变得乐学、善学, 每一位学生的各方面能力都会得到不同程度的发展与提高.

（3）**培养了合作意识**. 21 世纪, 竞争与合作并存. 积极的合作意识和有效的人际交往能力是 21 世纪人才必备的基本素质, 而现在的学生是在家长的精心呵护下长大的, 养成了"唯我独尊"的习惯, 不懂得也不愿意与他人合作. 我们现在所倡导的小组合作学习模式在现代课堂教学和学生学习活动中是经常使用的行之有效的活动形式之一. 在此期间, 学生为了完成一个有趣的探究活动, 常常需要在一起研究与实践, 他们在经历与同伴分工合作的过程中, 逐步懂得了合作的重要性, 并由此学会了主动与他人交流、合作的技巧.

（4）**培养了问题意识**. "学而不思则罔", 人贵有疑, 没有发问的精神就不会有发展与创新的潜能. 在小组合作学习时, 如果学生对别人的观点不是一味地盲从, 那么在讨论过程中, 学生就会养成善于质疑、敢于质疑的习惯. 那么, 从文本到个人, 学生的发问就会多起来, 而对有些问题的探究将使其知识水平与能力得到全面提高.

2. **教师之变**.

学生的积极变化必然是教师教学理念与行为转变的结果. 智慧校园创建下的"三段六步式"高效课堂教学模式在带给学生积极变化的同时, 也极大地改变了我们的教师. 通过"三段六步式"课堂教学模式改革, 我们的教师在教师观、教学观、知识观以及科研方面都发生了根本性变化. 首先, 在教师观方面, 我们的教师由"教"者变成了"导"者, 进而调动了学生的主观能动性, 使学生积极参与教学过程,并努力寻找解决问题的方法．其次，在教学观方面，我们的教师充分认识到，课堂教学中要突出学生的主体地位，要把课堂话语权移交给学生，教学的核心要由枯燥的被动灌输转变为学生愉快的主动发现；同时也认识到，要善于创设和谐、宽松的教学情境，以使学生敢疑、善疑，要鼓励学生自主学习，自觉参与集体学习，主动挖掘知识发生的过程．再次，在知识观方面，我们的教师充分认识到，学生通过体验、顿悟、自省、直觉而得到的隐性知识，是决定学生学习能力的重要因素，为此，教学中要树立以知识的"质"和"结构"为主的理念．最后，在科研方面，我们的教师认识到只有提高了教研能力，教学水平才能得到真正的提高，教研是为教学服务的，而教研能力也只有在自己的教学实践中才能得到提高，进而形成教学、教研相互促进的局面．

智慧校园创建下的"三段六步式"高效教学模式以它特有的模式，极大地改变了我们的日常课堂教学，也极大地改变了我们的教师和学生．基于这样的一种高效课堂教学模式，我们的教师和学生都深深地体会到教与学之变所带来的成功喜悦，同时也从师生互动过程中深深地体会到课堂生命构建之意义．

第五部分 研究反思

一、存在的问题

1. 各子课题组在实践研究过程中都较注重对问题的关注，都能做到深入分析问题出现的原因，但对于问题解决对策的研究尚有欠缺．也就是说，课题研究还停留在研究表面上，未能进一步将一些零散的研究系统化．

2. 研究中对如何构建高效课堂，还缺乏科学的评价标准，导致实验中主观的判断和评价较多，缺乏客观的评价依据．

3. 参与研究的教师普遍感觉理论素养不够，导致理论无法有效指导实践．课题研究成果的科学性和有效性尚待进一步验证．

4. 各子课题单位没有真正形成研究团队，导致研究观点存在拼凑现象；教学与研究时间相互冲突，致使研究面有些狭窄．

5. 科学合理的评价体制有待进一步完善．目前，师生在教育与学习方面的观念正在逐步地转化，有效合作的评价机制正在逐步地建立，但还需要进一步完善，还需要从不同层面、多角度地加以改善，以便对学生的学习状态、能力、行为、习惯以及其他系列活动等都有较为科学合理的评价．

6. 如何协调各学科之间的关系，以便让学生在课前有时间完成课文阅读及导学案的自主学习部分；让每个学生都能在自主学习的前提下，找出难点，提出问题，而不是人云亦云．

7. 在学生合作学习过程中，教师如何更好地把握介入时机，还有待提高．

8. 教师如何及时、合理地解决学生在合作学习过程中出现的突发状况，还需进一步研究．

二、今后设想

鉴于上述存在的主要问题，本课题组今后将在以下几个方面进行改进：

1. 认真组织相关研究人员进行专业理论学习与培训，切实提升研究人员的教学与理论研究素养．

2. 继续开展智慧校园创建下的"三段六步式"高效课堂教学模式的研究，开展研究团队交流，及时总结、反思研究过程中尚存的重大问题．

3. 对各子课题的研究成果将继续跟踪研究，以进一步验证其科学性和实效性．

4. 对各子课题的研究成果进一步系统化，以便形成比较完善的、理论化的研究成果.

教育研究不是一个人的事情,而需要所有教师共同努力.只有大家共同努力,才能成功面对和解决教学过程中存在的各种问题;也只有大家同心协力,共同探究,才能使教育教学取得最佳成效."在教育界有胆量创造的人就是创造的教育家,有胆量开辟的人就是开辟的教育家,他们都是第一流的人物."(陶行知《第一流的教育家》)随着新课程改革的不断推进,素质教育的不断深入,我们将进一步增加课题组成员,吸收不同学科的老师参与课题研究,并进一步从理论和实践层面来论证和完善各种方案,以解决教改实施过程中存在的各种问题.我相信,在课题组全体成员的共同努力下,有效合作研究还将进一步深入,合作学习能力研究还将进一步得到科学、系统的论证。

附件 1：

智慧校园创建下的三段六步高效课堂实践与研究
前期调查问卷

（教师卷）

尊敬的老师：

本调查问卷的目的在于了解教师对智慧校园、高效课堂、三段六步教学模式的认识，问卷结果仅作为学校课题研究之用，请您如实填写问卷，配合我们完成此次调查研究工作．谢谢您的合作！

1. 您了解智慧校园吗？（　　　）

   A．完全了解　　　　　B．偶尔听说过　　　C．完全不了解

2. 您认为智慧校园应具备哪些特征？（　　　）

   A．无处不在的网络　　　　　B．随时随地地学习

   C．高度智能化的管理　　　　D．及时高效的信息服务

   E．方便和谐的校园生活　　　F．其他

3. 您认为高效课堂最关键的是（　　　）．

   A．学生自主学习　　　　　　B．以教为主

   C．以问为主　　　　　　　　D．合作学习

4. 您在课堂教学中有没有固定的教学模式？（　　　）

   A．有　　　　　　　B．没有　　　　　　C．没想过

5. 对于现在的课堂，您认为学生最需要提高的能力是什么？（　　　）

   A．自信、敢于表达的能力　　B．积极探究与创新能力

   C．语言表达能力　　　　　　D．小组间分工合作的能力

   E．认真倾听和欣赏的能力

6. 您认为课堂上老师最需要解决的问题是什么？（　　　）（可多选）

A. 教给学生预习、学习的方法

B. 教给学生小组合作学习的方法

C. 教给学生交流展示、归纳总结的方法

D. 教给学生小组评价的方法

7. 您认为阻碍构建高效课堂模式的主要因素是什么？（　　）

A. 缺乏新课程理念　　　　B. 基本功不扎实

C. 担心成绩下滑　　　　　D. 不愿主动实践

8. 您认为我们学校高效课堂和三段六步教学模式研究能否引领高效课堂的构建？（　　）

A. 肯定能　　　　B. 可能吧　　　　C. 不一定

9. 我校高效课堂和三段六步教学模式研究中，您认为主要制约因素是（　　）．

A. 学校的推进力度　　　　B. 教师的认可程度

C. 教研氛围　　　　　　　D. 其他

10. 您认为在课堂教学中，运用现代教育技术手段（　　）．

A. 能提高教学质量　　　　B. 不能提高教学质量

C. 反而使教学质量下降

11. 您在组织合作学习时最关注的问题是（　　）（最多选4个）．

A. 合作学习问题的设计

B. 注意给学生充分的合作交流时间

C. 注意控制合作学习时的纪律

D. 关注学习困难学生参与合作学习的收获

E. 让学生明确合作学习的要求与组内的分工

12. 在推进"高效课堂和三段六步教学模式研究"课题的工作中，您希望学校要做好哪些工作？请留下宝贵意见．

智慧校园创建下的三段六步高效课堂实践与研究中期调查问卷

（学生卷）

亲爱的同学们：

　　经过一段时间的课改，老师们想知道你们对现在的课堂教学的想法，以便根据你们的想法改进我们的教学，让你们喜欢我们的课堂，使你们在课堂上学到更多的东西．请你们如实地把你们的想法告诉我们．你所选的答案不会对你个人或学校造成任何不良影响，谢谢你的合作．

1. 你认为你比较容易接受哪种类型的授课方式（　　）．

　A．传统式的老师讲、学生听

　B．由学生小组讨论，老师点拨

　C．无所谓

2. 对于所发的学案，你是怎么利用的（　　）．

　A．提前预习，对不明白的，和同学们讨论

　B．基本不看，等老师讲

　C．认为学案没有多大意义，看不看无所谓

3. 你认为小组合作讨论的效果如何？（　　）．

　A　对问题掌握得很清楚

　B．纯属浪费时间

　C．每次都是那几个人讨论，没有全员参与

4. 你认为每节课都该分组讨论吗？（　　）

　A．很有必要　　　　B．看课型而定　　　　C．根本没有必要

5. 你对现在老师的授课方式认可吗？（　　）

　A．还可以

　B．好难受，习惯不了

　C．无所谓，对我来说都一样

6. 你会在课堂上积极参与讨论吗？（   ）

A. 不会，因为我害怕说错，他们笑话我

B. 会，可以提高我的分析问题的能力

C. 看情况而定

7. 课堂上你对积极回答问题的同学有什么看法？（   ）

 A. 爱出风头　　　　B. 他真勇敢　　　　C. 谁让我自己不会呢

8. 你在课下需要多长时间预习学案？（   ）.

A. 要做到老师的要求，需要很长时间

B. 十多分钟，就是看看而已

C. 根本不预习，作业都来不及做呢

9. 你认为老师设置的讨论题效果如何？（   ）

A. 恰到好处，非常经典

B. 反正我也没预习，不知道

C. 可能还没有到那种境界，没感觉

10. 现阶段，你认为能促使你成绩提高，最关键的是什么？（   ）

A. 需要老师特别的帮助

B. 需要很多的时间来独立思考问题

C. 需要和同学们有讨论的时间

11. 你如何评价你的课堂效率？（   ）

A. 课堂效果很好

B. 一般般

C. 基本上没收获多少，很郁闷

12. 你班自从实施高效课堂之后，课堂教学有什么变化？（   ）.

A. 变得更精彩了，很喜欢

B. 没有变化，仍是老样子

C. 有变化，但我不喜欢

智慧校园创建下的三段六步高效课堂实践与研究中期调查问卷

(教师卷)

老师们：

您是课堂的引领者，为了了解您对高效课堂的看法，以便更有效地进行课堂教学，学校决定开展本次问卷调查．请您务必据实填写，相信您一定能把真实的想法表达出来．

1. 您是否经常了解有关高效课堂的信息？（   ）

    A．经常   B．偶尔   C．从不看

2. 您对高效课堂是否充满了热情？（   ）

    A．热情高涨   B．有点热情   C．无所谓   D．讨厌

3. 您在推行的"高效课堂"改革中遇到的最大困难是什么？（   ）

    A．得心应手，没有困难   B．没有名师指导

    C．没有硬件设备   D．学生不配合

4. 您是否同意高效课堂教学要有固定模式？（   ）

    A．非常同意   B．有点作用

    C．无所谓   D．反对

5. 您认为在推行高效课堂之后，您的教学成绩会（   ）．

    A．有很大提升   B．有一点提升

    C．没什么变化   D．降低

6. 您的每节课是否都在开展小组合作学习？（   ）

    A．每节课都有   B．主课有

    C．个别班有   D．检查时才有

    E．从来没有

7. 您对小组上课还有没有兴趣？（   ）

    A．兴趣盎然   B．一般

    C．应付差事   D．讨厌

- 189 -

8. 您对高效课堂用导学案上课的看法是（　　）.

A. 一定要用　　　　　B. 不适用，不用　　　　C. 可以尝试

9. 在授课过程中，您采取了哪些教学手段？（　　）.

A. 没采取什么手段　　B. 自制教具，挂图

C. 制作课件并借鉴同行的方法

10. 您采取过哪些方法来充实教学内容？（　　）

A. 购买相关资料、书籍

B. 上网搜寻

C. 资料缺乏，没有采取什么措施

11. 授完课后您是否进行反思？（　　）

A. 是　　　　　　　　B. 否　　　　　　　　　C. 有时

12. 您是否看好这场课堂教育教学改革？（　　）

A. 前途光明　　　　　B. 还可以接受

C. 无所谓　　　　　　D. 会失败

附件 2：

智慧校园创建下的三段六步高效课堂实践与研究调查问卷（前期）分析报告

2019 年 11 月，我们设计了"智慧校园创建下的三段六步高效课堂实践与研究调查问卷（教师部分）"和"智慧校园创建下的三段六步高效课堂实践与研究调查问卷（学生部分）"，并对我校所有教师和部分学生做了问卷调查，现将相关问题报告如下：

一、调查方法

（一）问卷设计

"智慧校园创建下的三段六步高效课堂实践与研究调查问卷（教师部分）"和"智慧校园创建下的三段六步高效课堂实践与研究调查问卷（学生部分）"由我校"智慧校园创建下的三段六步高效课堂实践与研究调查问卷"课题组制作．其中，教师问卷共设 12 道选择题，学生问卷共设 12 道选择题．（具体见附件 1）

（二）调查过程

教师问卷采取全额调查形式，有的调查项目可同时做多项选择，共发放教师问卷 75 份，全部收回；学生问卷采取随机抽样形式，在四至六年级学生中随机发给学生 200 份，共收回有效问卷 185 份．

（三）数据分析策略

结合本调查问卷，从教师和学生两个部分，对影响小学课堂有效教学的因素进行分解，统计其所占样本总数的百分比进行数据分析，从而了解我校课堂教学的情况．

二、讨论与建议

根据本次调查了解到的我校课堂教学的情况，我们认为，在小学课堂进行有效教学，提高课堂教学效率，是全体师生的共同需要．那么，怎样在智慧校园创建下结合三段六步教学模式在小学课堂进行有效教学，提高课堂教学效率呢？这是我们共同探讨的问题．以下是我们围绕这个问题，结合本次调查结果，提出的建议．

（一）高效课堂教学需要做好充分的教学准备

钻研课程标准，吃透教材，了解学生，制订教学计划，确定教学目标，选择教学方法，编写教案，准备教学辅助材料，等等，这些都是做好充分教学准备要考虑和完善的事情．这里主要探讨三个问题：

1. 教学计划的制订．教学计划包括学期教学计划、单元教学计划和课堂教学计划，这些都是教师做好教学准备必不可少的环节．本次调查结果显示，78.26%的教师对学期教学计划比较重视，制订了学期教学计划；56.5%的教师没有制订单元计划和课堂计划的意识和习惯，这个状态应该改变．

2. 教学目标的确定．本次调查结果显示，59.97%的教师对"教学目标要从哪几个方面制订"不是很清楚，为此，我们建议，教学目标应从过程与方法、情感态度、价值观几方面制订，即要有三维目标，而不单单只是确定认知目标．当然，就每一堂课而言，要以知识目标为载体，渗透能力与情感目标；要针对本堂课的特点，针对学生的学情实际，设计切合实际的课时目标，让学生一课一得．因此，每节课的教学目标要具体、明确、可测，而不是面面俱到．

3. 学生预习的指导和检查．本次调查结果显示，92.86%的教师指导过学生预习，但49.11%的教师不能在课堂上经常检查布置的预习作业．为此，我们建议，教师除了指导学生做好预习，还要坚持在课堂上经常检查布置的预习作业，以培养学生在教师未讲之前尝试学习和自主探究的习惯，以完成自己能学会的，找准自己没有学会的．

（二）有效课堂教学需要在课堂上落实"有效"二字

怎样的课堂教学才是有效课堂教学？我们不要只停留在理论和口头上，关键在做．这里我们探讨如下几个问题：

1. 明确本节课的教学目标．本次调查结果显示，91.66%的教师能正确认识教学目标的有效性，认同"教学活动应该围绕教学目标展开，有效的课堂教学应该是目标明确，有计划、有组织"；绝大多数教师也能明确本节课的教学目标，这给教学目标的有效达成提供了前提条件．

2. 在每节课前把学习目标很清楚地告诉学生．本次调查结果显示，69.57%的教师没有目标导向意识，不能在每节课前把学习目标很清楚地告诉学生．这种状态需要改变．

3. 在课堂上要追求有效的教学方法．本次调查结果显示，91.29%的教师意识到在课堂上安排讨论，其目的是教学安排的需要，因此，要摒弃无效讨论；而在学生独立学习时，教师应该起到调控反馈的作用，而不是无所事事；还有的教师意识到，课堂教学时还应考虑学生成功的需要．因此说，教师对有效教学有了初步的认识，而追求有效的教学方法已成为教师自觉的行为．

4. 把学、思、议、练的权利还给学生，体现学生的主体地位．本次调查结果显示，70.53%的学生喜欢或比较喜欢在课堂上自主看书学习，70.53%的学生喜欢或比较喜欢在课堂上思考问题，只有 8.93%的学生不喜欢在课堂上自主看书学习和思考问题．也就是说，大部分学生还是好学好问的，91.07%的学生乐于回答问题．为此，教师要尽量满足学生的这些要求，要在课堂上给予学生自主看书学习、思考问题和回答问题的空间和时间．

5. 将一半以上的时间留给学生学、思、议、练．本次调查结果显示，71.42%的学生赞成老师精讲累计时间不超过 20 分钟，学生学、思、议、练的累计时间不少于 20 分钟；只有 26.79%的学生赞成老师精讲累计时间不少于 25 分钟，学生学、思、议、练的累计时间不超过 15 分钟．一节课的时间是有限的，为此，我们建议在课堂上应将一半以上的时间留给学生学、思、议、练，教师在课堂中尽量压缩讲授时间.

6. 同等重视接受型学习和探究型学习. 本次调查结果显示，有50%的学生习惯于传统的接受型学习，也有50%的学生喜欢先学后教、讲练结合或精讲多练、自主学习的课堂教学方式. 接受型学习和探究型学习都是学生主要的学习方式，两种学习方式相辅相成，缺一不可. 为此，我们建议教师对学生的接受型和探究型两种学习方式都要重视，不但要让学生学到知识、形成能力，还要给学生一些条件和机会，引导学生自主学习、交流合作，因为多采用先学后教、讲练结合或精讲多练、自主学习的课堂教学方式，对培养学生搜集处理信息的能力、获取新知识的能力、分析和解决问题的能力以及交流与合作的能力，是很有帮助的.

7. 教师不要吝啬给学生赞美词语，要及时激励和表扬学生，保护和提高学生的学习积极性. 本次调查结果显示，只有10.71%的学生经常受到老师的表扬，70.53%的学生只是偶尔或受过一两次老师的表扬，有18.75%的学生居然从未受到过老师的表扬. 从心理学的角度看，表扬和激励能够唤起学生的好心情，而好心情容易唤醒学生的上进心，上进心容易诱发学生的学习内动力，内动力的发挥又使学生不断进步. 因此，积极的表扬，有助于调动学生良好的学习情感，因为每个人都渴望得到表扬.

（三）有效课堂教学需要教师不断反思和改进

有效课堂教学需要教师和学生共同完成，而教师是课堂的组织者和参与者，因此，构建有效课堂教学的过程就需要教师不断完善，这也就需要教师不断反思和改进. 在这里我们探讨以下几个问题：

1. 如何评价课堂教学. 本次调查结果显示，91.29%的教师在有效教学评价方面比较重视科学的教学过程和理想的教学效果，而对于优质的教学目标则不大重视. 然而我们认为，有效教学的评价应包括优质的教学目标、科学的教学过程和理想的教学效果等方面，所以对课堂教学的评价可以从这几个方面进行.

2. 怎样了解课堂教学效果. 本次调查结果显示, 91.3%的教师重视通过作业分析了解学生的掌握情况并及时反馈, 但不重视"对错题的改正, 即做错的题要让学生自己改过来". 为此, 我们建议教师在课堂上不但要通过作业分析来了解学生对知识的掌握情况并及时反馈, 还要及时订正作业. 另外, 91.3%的教师重视通过考试来判断学生的学习状况, 应试意识浓厚. 而 47.8%的教师重视通过课堂表现来判断学生的学习状况. 然而我们认为, 只有在课后才可以通过家庭作业和考试来判断学生的学习状况, 在学生独立学习时, 教师应通过课堂作业和学生的课堂表现来判断学生的学习状况, 以分析学生对知识的掌握情况并及时反馈, 同时注意调控反馈.

3. 教师对教学后反思的认识及做法. 本次调查结果显示, 73.91%的教师对教学后反思必要性的认识比较到位, 认为教学后的反思很有必要. 69.57%的教师也认识到教学后反思的作用, 即有利于教师的个人专业成长. 78.24%的教师有课后反思的习惯; 47.8%的教师能进行系统思考, 写出详细的教学反思文章. 73.91%的教师在教学反思时苦于没有人能指导, 不知道如何表述. 为此, 我们建议可以通过两条途径来解决这个问题: 一是学校有针对性地进行教学反思方面的培训和研讨, 以帮助教师进行教学反思; 二是加强教师的学习, 提高撰写教学反思文章的能力.

4. 教师如何改进课堂教学. 从本次调查的情况来看, 绝大部分教师认为自己在新课程实施中, 对于教育科研能力、多媒体技术的运用能力、基于学科的信息吸纳能力以及与同事合作交往的能力等方面都有不同程度的欠缺, 而在教学过程中, 在对教学内容进行合理组织加工、制订科学合理的教学目标、选择恰当的教学方法、与学生进行有效交流等方面, 都或多或少地存在不足; 教师也都有改进课堂教学方法、提高课堂教学效率的意愿, 都想充实与教学方法、技能相关的知识以及与所担任学科相关的知识. 但苦于农村小学教学条件较为落后, 在参加教科研活动中遇到了资料缺乏、信息闭塞等问题; 另外, 还存在缺乏合作交流的氛围、缺乏教研能力等问题. 因此, "如何改进课堂教学"就成了需要解决的突出问题．为此，我们要抓住"农村小学有效课堂教学策略研究"课题研究这个契机，通过开展课题研究，促进我校教师的专业发展，提高教师的教学水平，提高课堂教学效率．

智慧校园创建下的三段六步高效率课堂实践与研究（后期）分析报告

为了更好地提高学习效率，师生共建"智慧校园创建下的三段六步"高效课堂，2021年3月初我校决定开展本次问卷调查，现将相关问题分析如下：

一、问卷制作与调查对象

"智慧校园创建下的三段六步高效课堂实践与研究"学生问卷调查和教师问卷调查由课题组成员制作．学生问卷中共设20道题，分别对学校部分学生做了问卷调查；调查过程中共发放学生问卷30份，收回有效问卷30份．教师问卷中共设24道题，分别对学校部分教师做了问卷调查；调查过程中共发放教师问卷20份，收回有效问卷20份．

二、问卷调查结果与分析

1. 全校100%的学生比较容易接受由小组合作、老师点拨的授课方式．

2. 100%的学生赞同"以学生自主学习、合作交流、小组展示为主"的课堂学习模式．

3. 老师在课堂讲解时长上，50%的学生认为30~45分钟，50%的学生认为10~20分钟．

4. 在利用"导学案引导学生学习"的教学方式上，85%的学生认为好，15%的学生认为一般．

5. 关于导学案中进行课前预习的重要性方面，85%的学生认为重要，15%的人认为一般．

6. 100%的学生认为，提前预习，对不明白的，与同学们讨论，是利用导学案的方法．

7. 课堂上学生主讲，老师只是点拨和引导一题，25%的学生认为不行，对知识掌握来讲，不好；65%的学生认为可以，学生讲解，我们会记得牢固，再由教师点拨和引导，会掌握得更好；还有10%的学生视不同情况而定．

8. 50%的同学认为，课堂上老师布置任务后，每次都是学生先自学；50%的学生认为，有时会给充裕的时间让学生自学．

9. 关于课堂上的提问，90%的学生认为老师应多一些对部分学生的提问；10%的学生认为全班同学一起回答就可以了．

10. 课堂上你对积极回答问题或主动展示的同学的看法一题，65%的同学认为这是自信和勇敢的体现；35%的同学认为这样的同学越多越好，我希望自己也能行．

11. 对于课堂积极参与交流或展示一题，80%的学生在课堂上害怕说错，担心学生笑话；20%的学生认为自己没预习，问题都不懂，无话可说．

12. 关于每节课分组讨论，65%的学生认为很有必要，35%的学生认为看课型而定．

13. 关于学生喜欢的小组合作学习的评价方式，90%的学生认为集体累计得分，5%的学生认为有必要的物质奖励，5%的学生认为用其他形式．

14. 关于小组合作学习效果一题，85%的学生认为有利于对知识和技能的掌握，15%的学生认为每次都是少数几个同学参与．

15. 关于学生认为课堂上最欠缺一题，40%的学生认为知识掌握得不够，60%的学生认为缺乏表达能力．

三、探讨与建议

关于本次调查了解到的"智慧校园创建下的三段六步高效课堂实践与研究"情况，我们认为，广大教师认真学习新课程理念，积极开展课堂教学研究，进一步解放了思想，转变了观念，改进了教法，课堂教学效率有所提高．但也要用一分为二的观点看问题，我校课堂教学还存在许多不足的地方，我们应当总结经验，扬长弃短，改革创新，通过深入探索与实践，进一步提高我校的课堂教学效率．

（一）转变教学观念，充分发挥学生的主体地位

教学是教师"教"和学生"学"的辩证统一，教学过程是师生交往、共同发展的互动过程．我们要明白这样的道理：学习主要是学生的事，教师不能包办代替．学生综合素质的提高，是一个知识不断积累与内化的过程，"内化"要靠学生自己，老师绝对不能代替，就像吃饭、消化、吸收，别人不能代替一样．一个人的发展与成才，不是靠教师逼出来、教出来的，而是靠自己学出来的．所以说，课堂教学是老师指导下学生自主学习的过程．为此，教师要转变观念，尊重学生的人格和个体差异，当好学生学习的组织者、引导者和合作者，充分发挥学生学习的主体地位．

（二）改进教学方法，扎实提高课堂效率

高效课堂教学是指通过课堂教学中师生的双边活动，让学生达到教学目标的基本要求，获得具体的进步或发展．课堂教学是学生在校学习的主渠道，提高课堂教学效率是全面提高教育教学质量的根本保障．课堂教学是否有效、高效，不是看教师教得是否认真，是否讲完了课时教学内容，而是看学生是否真正学懂或者学得好不好，看学生是否体验到了学习的乐趣．学生有无具体进步和发展，是检验课堂教学是否有效的唯一标准．改进教学方法，培养学生的能力，发展学生的智力，这不仅是素质教育的本质之一，也是课堂有效教学的根本要求．学生的学习能力提高了，其考试成绩就会自然而然地提高．因此，我们一定要改进教学方法，让学生学会学习，进而扎扎实实地提高课堂教学效率．

我们认为，目前以下几个方面尤其要进一步加强：

一是把学习方法教给学生．在课堂教学自学前，教师要引导学生

带着问题去看书学习，同时指导学习方法，或者引导学生回顾用过的学习方法.如：怎样看书，怎样抓重点，怎样勾画圈点，怎样筛选信息，怎样质疑解难，怎样梳理答案，怎么联系实际，怎么迁移应用，等等，还要讲清应注意什么事项.

二是把课堂还给学生.当代教育理论认为，一节课应该把 2/3 的时间交给学生，教师的讲解累计不要超过 1/3 的时间.从外地的名校来看，江苏省洋思中学的教师每节课一般只讲 4~8 分钟，不超过 1/5 时间；山东省杜朗口中学的课堂时间安排是 10+35，即教师讲课累计不超过 10 分钟，学生自主学习、训练的时间累计不少于 35 分钟，教师讲课时间还没到 1/5；河北省衡水中学的教师累计讲课时间不超过 1/3.

三是多种教学方式相结合.外国心理学家研究表明：人们通过听觉获得的知识能够记忆 15%，通过视觉获得的知识能够记忆 25%，而同时运用听觉和视觉，可接受知识的 65%.如果把听、看、想、做有机结合起来，学生可以接受的知识将达到 90%左右.再通过系统复习和记忆，学生就能够全面掌握学过的知识.因此，课堂教学一定要坚持听、说、读、写、思、算相结合.洋思中学等全国名校，每节课当堂动笔训练的时间不少于 15 分钟，主要是通过作业、练习、测验、期考、中考、高考等动笔方式进行，这时学生必须是自己读、自己想、自己动笔写出来.如果我们的课堂老是"君子动口不动手"，那么我们学生的动手能力将不会提高，我们的课堂教学效率也不会提高，我们的课堂教学质量也不会有新的突破！

（三）注重表扬激励，让学生体验学习的乐趣

时间、结果和体验是考量课堂有效教学的三个指标.其中，学习时间是前提：在课堂教学中，教师要引导学生把时间用在学习上，千方百计地提高单位时间的学习质量，争取在相对的时间内学到更多的知识.学习结果是关键：学习结果是指学生经过学习所发生的变化、获得的进步和取得的成绩，每节课都应该让学生感觉到有具体的学习

收获．学习体验是灵魂：教师要通过组织课堂教学，让学生体验到学习的乐趣，让学生想学、会学、乐学，进而不断提高学习效率．

（四）坚持精心引导，培养学生的良好习惯

习惯一般是指在长时间里逐渐养成的、一时不容易改变的行为．例如，学习方面的习惯主要有：计划学习习惯、课前预习习惯、自主学习习惯、课后复习习惯、纠正错题习惯、总结反思习惯，等等．从调查情况看，有15%的学生既没有奋斗目标也没有学习计划；超过20%的学生还习惯于听教师讲；有8.93%的学生不喜欢在课堂上自主看书学习和思考问题；有8.93%的学生不敢在课堂上表达自己独特的见解；在课后复习、纠正错题等方面，很多学生还没有养成良好的习惯．因此，教师要加强引导，按照中小学生行为规范的要求，培养学生良好的学习习惯．而学生良好的行为习惯和学习习惯一旦养成，会使他们终身受益．我们要学习名校经验，精心引导，把培养学生的良好习惯作为学校教师教育教学的常规工作来抓．

总之，课堂有效教学、高效完成任务应以教师为主导，以学生为主体．因此，学校必须加强师资培训，加强教师的政治学习和业务学习，不断提高教师的业务水平．另外，还要抓好师德师风建设，让教师树立正确的世界观、人生观、价值观，明确职责，热爱事业，热爱学生，乐于奉献，奋力拼搏．

"小学数学课堂有效质疑提问的策略与实践研究"结题报告

一、课题的提出

自新课程实施以来，我们通过大量的听课、评课、说课、各种优质课评选、公开课活动及校领导深入课堂听课调研，以及近年来参与县级课题《小学语、数教学如何质疑提问》和《远程教育有效融入小学数学课堂教学的研究与实践》的研究，发现大多数教师在数学课堂教学中存在着一些突出问题：（1）忽视对学生有效质疑提问探究能力的培养，甚至当学生在这方面有所表现时，教师视而不见，或未加思考地简单处理了事．（2）课堂上常见的是教师问，学生被动答；教师在设置问题的时候没有深钻教材、吃透教材，所预设的问题平淡肤浅、无启发性，或者太深太难、笼统地问，这对学生的思维启发无任何作用，有时甚至抹杀了学生思维火花的碰撞．（3）学生对学习失去了兴趣，不再想自主参与学习，课堂气氛沉闷，表现为：教师"满堂灌"，学生学习被动，有效性差．这些问题对新课程的实施不是推动而是桎梏，影响教学质量的提高．

新课程极力倡导"自主、合作、探究"的学习方式，培养学生"有效质疑提问"的探究能力，就是为了转变学生的学习方式，由过去的被动听、被动回答，转变为现在的积极主动地思考，进而提出问题，探究问题，达到对学生思维能力培养的目的．

在教学中，鼓励学生有效质疑提问，正是根据学生的心理特点，来保护和激发学生的好奇心、求知欲，促使学生进行探究学习．因此，教师要善于利用学生已有的知识，诱发学生质疑提问，鼓励他们从"不敢问"到"勇于问",并通过引导,教给学生质疑的方法,让学生做到既"敢"问、"想"问,又"会"问、"乐"问,从而提高学生探究学习的效率,为学生的终身学习打下良好的基础.

二、课题概念的界定

本课题的核心概念是"有效"和"有效质疑提问".其中,"有效质疑提问"包含"课堂提问""学生有效质疑提问""教师有效质疑提问"三层意思.

所谓"有效"主要是指通过教师一段时间的教学之后,学生所获得的具体的进步或发展,也就是说,学生有无进步或发展是教学有没有效益的唯一指标.教学有没有效益,并不是指教师有没有教完内容或教得认不认真,而是指学生有没有学到什么或学得好不好.如果学生不想学或者学了没有收获,即使教师教得很辛苦也是无效教学.同样,如果学生学得很辛苦,但没有得到应有的发展,也是无效或低效教学.

有效质疑提问是"有效教学"的一个概念组成,其理论依据是有效学习理论.

所谓"有效质疑提问"是指教师根据小学数学课堂教学的目标和内容,在课堂教学中创设良好的教育环境和氛围,精心设置问题情景,而提问要有计划性、科学性、针对性、启发性、互动性和开放性,能激发学生主动参与的欲望,让学生设疑解疑,有助于进一步培养学生的创造性思维.

三、课题研究的目标、内容及重点

(一)课题研究的目标

1. 结合课题研究内容,帮助教师实行角色的转变和教学行为的转变,让教师们创造性地分析研究和使用教材,实现教学设计有效改进.

2. 通过"有效质疑提问"课题研究,促使教师精心设计课堂提问的问题，优化课堂教学结构，活跃课堂气氛，促进教学交流．

3. 通过研究，使学生积极参与课堂活动．除教师的问题有效外，更重要的是通过教学设计的改进，学生能大胆质疑、有效提出问题，并解决问题．

4. 通过研究，让不同层次的学生都有参与学习活动的机会，促进学生差异性发展，激发学生的学习兴趣，促进学生学习方式的转变．

5. 探究出"有效质疑提问"的方法和规律，并加以推广、交流．

（二）课题研究内容

1. 从学科知识点出发，设计适当的"有效质疑提问"问题，审视其合理性和必要性．

2. 以新课标的理念，审视问题设计得是否精当，看它是否符合现代教育理念．

3. 从教师角色出发，看提出的问题是否有利于课堂教学操作，是否有利于展示教师教学个性风格，是否有利于活跃课堂气氛．

4. 从学生的角度审视问题，看问题是否有利于学生积极主动地学习，能否培养和提高学生的有效质疑提问能力，以及创新思维能力．

5. 以科学的眼光，审视问题提出的时机、技巧、过渡手段、层次、坡度是否和谐自然．

（三）课题研究的重点

1. 通过"有效质疑提问"课题研究，使教师能从学生的"学""学困""学需"角度出发，科学、合理地改进教学设计，精心设计课堂提问的问题，从而优化课堂教学结构，活跃课堂气氛，促进学生有效学习．

2. 通过研究，使学生积极参与课堂活动，除教师的问题有效外，更重要的是通过教学设计的改进，学生能大胆质疑、有效地提出问题，并解决问题，进而培养学生的创新思维能力．

四、课题研究的思路

1. 对问卷情况进行数据分析，并根据分析结果制订研究的实施方案和阶段计划.

2. 充分利用数学课堂有效质疑提问这一手段，从教学设计入手，改进教师的教学方式和学生的学习方式，转变教师的教学理念.

3. 紧密结合教材内容，结合学生实际，设计精当的问题，诱发学生有效质疑提问，进而培养、提高学生的质疑提问能力，以及创新思维能力.

4. 将数学课堂有效质疑提问与"参与式教学"有机结合，扩大学生的参与面，实现学生参与课堂活动的有效性.

5. 从有效质疑的问题着手，研究"有效质疑提问"的方法、规律以及对学生数学情感和学习兴趣的提升作用等，审视它的效用和价值.

五、课题研究方法

（一）问卷调查法

组织人员调查分析我校学生在学习过程中"质疑提问"的现状，以便对该课题的可行性进行分析研究. 在实验及总结阶段，对学生的情况进行调查分析，为完善有效质疑提问课题研究理论提供依据.

调查问卷设计：

1. 对学生：你喜欢提问吗？喜欢怎样提问？如果不喜欢提问，请把你不喜欢提问的原因说出来；如果喜欢提问，请把你喜欢提问的原因说出来.

2. 对教师：您喜欢提问学生吗？学生喜欢回答什么样的问题？学生喜欢您怎样提问？您有没有由于问题设置得好，学生在课堂上的参与性非常强，教学效果非常明显的时候？

3. 对家长：您的孩子喜欢老师怎样上课？喜欢老师提问吗？您对

"孩子在课堂上是否喜欢回答问题"这一点了解吗？您认为应怎样培养学生的思维能力？

（二）行动研究法

1. 比较分析法.

将"有效质疑提问"实验前与"有效质疑提问"实验后学生的学习能力、成绩等进行对照比较，分析效果. 在实施阶段，实验班课堂上教师要注重质疑、释疑，特别在问题的设计上，要有激情、激趣、激思，而且较之实施课题研究之前，以及普通班学生的学习情况，进行实验数据搜集、分析、比较，探究出教学设计和问题设置的可行性.

2. 实践与反思结合法.

在研究中以教学实践为依据，加强课堂上教师行为和学生学习行为的研究载体，以观课、评课、反思、跟踪为手段，分析研究师生"问题"行为改进的切入点，探究有效质疑提问的策略.

（三）经验总结法

课题组成员必须随时审视自己和学生的教与学行为，以经验总结的眼光和行动不断对研究过程（典型案例）进行经验总结、提炼和整理，对存在的问题做出改进措施，即时记载. 课题组成员对课题进行过程检测、结论检测，对课题的资料、录像、案例进行检测，对工作成绩进行评估，形成可推广运用的成功经验.

（四）文献资料法

课题组成员注意学习搜集有关文献资料，提高自身的理论水平和实践能力.

六、课题研究的步骤

根据本课题研究实际，拟定课题研究周期为两年，即 2013 年 3 月至 2015 年 5 月. 具体安排如下：

第一阶段：启动阶段(2013.03—2013.06).

1. 成立课题研究小组.

2. 调查了解教师的教学现状，找准存在的主要问题，作为课题研究的切入点.

3. 召开专题会议，确立课题研究方向.

4. 撰写课题申请、评审书，进行课题申报.

5. 召开开题动员大会，组织相关教师学习相关理论，提高全体教师参与课题研究的积极性.

第二阶段：实验阶段(2013.08—2015.02).

1. 召开课题报告会，开展形式多样的宣传，激发课题组成员及课题实验教师研究的积极性.

2. 认真组织教师学习"有效质疑提问"及如何设置问题、课堂上如何提问等相关方面的理论. 主要有《新课程怎样教Ⅱ——课堂教学问题与对策》第 6 专题：课堂教学实施中的问题与对策——来自细节的力量，第 7 专题：学习方式转变中的问题与对策；《教师课堂教学常见技能问题——以问题为中心的研究与培训》第四章：常见课堂教学提问技能问题的培训；《听课、说课、上课》第八章上课：让教学彰显艺术的魅力；《小学数学教学策略》第一章：数学教学策略概述；《有效教学的理论与实践》理念篇辑一：什么样的教学是有效教学、实践篇辑一：有效教学设计等.

3. 以数学教研组为研究主体，从四至六年级每个年级选定一至两个班级作为实验班，以三课活动（备课、上课、评课）为载体，追踪教研为形式，开展实践活动与研讨交流工作.

4. 数学教研组每学期按照学校教导处的整体安排开展课题研讨工作，其总体实施步骤是：

（1）适时组织课题组教师学习相关理论.

（2）组织组内教师集体备课.

（3）组织组内教师听课.

（4）组织组内教师评课，或请县教研室人员听评课.

（5）同一教师再备课、上课并评课.

（6）执教者教学反思，总结成功与不足之处，形成书面材料.

（7）实验班、普通班上对比课.

（8）实验班上公开课，接受全体教师的评定.

（9）教研组人员搜集全部过程资料，包括阶段实验总结报告、个案、形成性的课堂教学实录、论文、教学设计、案例分析、教学反思等.

（10）每学期组内小结，并将较成熟的案例推荐上报县教研室或市教研室进行评估.

第三阶段：结题阶段 (2015.03—2015.05).

1. 搜集整理研究资料，对课题认真分析总结，撰写结题报告.

2. 将课题研究成果上报，接受课题主管部门及专家组验收.

3. 召开课题研究成果汇报会，发布与推广研究成果.

4. 评选出优秀课题承担教师，表彰鼓励.

七、课题研究的成果表述

（一）研究的基本观点和主要结论

通过研究，我们得出如下的小学生数学课堂有效质疑提问能力的培养策略：

1. 利用课堂教学对学生的有效质疑提问能力进行培养.

（1）创设质疑氛围，激发质疑兴趣.

进行数学课堂教学时，教师应放下架子，以朋友的身份融入课堂，创造一种推心置腹的交流氛围，让学生无拘无束地把自己对学习内容的各种感觉、怀疑在课堂上释放出来. 应为学生质疑留下空间，鼓励学生质疑，即使学生提出一些离奇的问题，教师也要积极引导，并帮助他们转换角度，另辟蹊径. 同时还应给予他们热情的鼓励和肯定. 对于有价值的质疑，教师要及时组织学生一起分析解答，以激起他们进一步质疑的兴趣. 例如：邹启远在教学"小数除以整数"这一课时，学习例题"22.4÷4"，有个学生发问"为什么商上要点小数点而且要和被除数的小数点对齐呢？"这是学生经过独立思考后提出的独特的有价值的问题，他及时予以了表扬，并因势利导，引导学生进行讨论分析．"是呀"，许多孩子发出这样的声音．思考片刻，有学生答到"商的6表示6个十分之一，怎么才能体现6表示6个十分之一呢？点小数点．"此问题的解决，既深化了学生对知识的理解，又强化了学生发现问题，提出问题的意识，激发了学生探索质疑的兴趣．

另外，面对学生是有差异的这一客观现实，我们可以根据本班学生的实际情况，因材施教．组织学生分小组进行讨论，让自卑、胆怯的学生在小组内提问，锻炼他们的胆量，树立其自信心；对于口头表达能力差的学生可以先让他把问题写在纸上，再照着念，循序渐进，不能要求过高，急于求成，使其失去信心；对于课堂上来不及提问或言犹未尽的学生，可在课下让他把要提的问题，要讲的话说给老师．这样学生提问题的积极性就得以保护，提问题的胆量也就越来越大，进而养成敢想、敢问、敢说的习惯．

学生课堂质疑的心理障碍，一方面来自老师，另一方面来自学生．教师对学生的提问给予肯定、表扬和鼓励，这是不难做到的．但是，当学生的提问比较幼稚或偏离教学要求时，往往会使全班同学哄堂大笑，这样也会挫伤那些学生的自尊心，使他们在以后的课堂上不敢提问．因此，一方面对那些不善于提问题的学生加以鼓励和保护；另一方面，用"换位"思想教育其他同学要懂得尊重别人的提问．只有师生共同努力，创设民主、和谐的课堂氛围，才可以创建让学生知无不言、畅所欲言的课堂环境．

（2）教给学生质疑方法，培养学生质疑能力．

"授人以鱼，只供一食之需；教人以渔，则终身食用．"要使学生善问，必须"教人以渔"．课堂上，有的学生有疑问不知从何提出来，有的学生不能把问题提到点子上，有的学生提出的问题无系统性，这就要求教师通过适当的点拨归纳，给学生指出提问的方向以及思考问题的路径，教给学生正确的质疑方法，这样才能使学生准确地抓住问题实质，扎实有效地掌握知识．

首先，围绕学习目标质疑．

在学生学习新课前，出示详细、具体的学习目标，让学生对照学习目标自学，提出疑问．例如：申珍婵在教学"梯形的面积"这一课时，出示了如下学习目标：① 理解梯形面积公式的推导过程；② 掌握梯形面积公式；③ 应用梯形面积公式进行计算．通过自学后，学生提出："梯形的面积公式是怎样的呢？""梯形的面积公式是根据什么推导出来的？""为什么把梯形转化为平行四边形？""还可以把梯形转化为其他图形来推导梯形的面积公式吗？"学生们所提出的问题，都是围绕教学内容的重点和难点展开的．

其次，根据例题的旁注进行质疑．

关于例题旁注，在数学课本中，有些例子是用方框框着直接说明，有些是在例题旁边标出启发性的"想"，这些都是让学生提出疑问的，例如：罗鲜梅在教学"小数的四则混合运算"这一课时，根据例题旁边的"想：这个算式既有小括号，又有中括号，应该怎样计算呢？"，在让学生自学时，提示学生着重思考"想"，使学生在新旧知识联系点上提出下列问题：① 整数四则混合运算顺序是怎样的呢？② 小数四则混合运算顺序又该是怎样的呢？③ 整数和小数四则混合运算顺序有什么联系与区别？这样，学生不但围绕教学内容重点学习，而且也让学生真正地动脑筋思考问题．又例如：胡波在教学"除数是小数的除法"这一课时，根据例题"5.628÷0.67"旁边的想，质疑"为什么一定要把除数转化成整数，而不是把被除数化为整数？"

最后，根据有关的总结语质疑．

利用教材中知识性的总结语来提出疑问．例如：何伟在教学"三角形的面积"这一课时，在三角形面积公式的推导过程中，得出：在等底等高的情况下，三角形的面积是平行四边形面积的二分之一或一半．在此基础上，鼓励学生各抒己见，大胆质疑．学生提出："如果不等底也不等高时，三角形的面积还是平行四边形的二分之一吗？""如果三角形与平行四边形的面积相等，底边相等，它们的高有什么关系呢？""如果三角形与平行四边形的面积相等，高相等，它们的底边有什么关系呢？"这样，学生抓住知识的关键点，大胆质疑，使知识得到深化和系统化．

（3）因势利导，培养学生释疑能力．

质疑是手段，释疑才是目的．在数学课堂教学中，面对学生提出的种种疑问，既不能置之不理，又不能包办回答，教师应因势利导，针对重点问题，及时组织学生分组讨论，或让学生自己回答，从而培养学生的探讨和释疑能力．例如：冯强武在教学"20以内进位加"这一课时，在练习4+8和4+7时，由于4的拆分方法不一样，老师就将凑十的过程利用课件出示出来，引发学生质疑．"看一看，你发现了什么？或有疑问吗？"老师的话唤起了全体学生的探索热情．在与学生一起讨论、商量回答问题时，老师要把自己摆在与学生平等的位置上，以使学生倍感亲切，使学生不断增强释疑能力．

再例如：田茂英在教学"梯形的面积"这一课时，教学伊始，教师就问："谁知道梯形的面积公式？"因为预习过，全班学生几乎都会．老师又问："如果给你数据，你会计算梯形的面积吗？"全班同学几乎都会，老师说你们都会了那就下课吧．学生感到吃惊和诧异，教师紧接着说："那给我一个让这节课继续下去的理由"．学生停顿，继而争先恐后地答道："我想知道梯形的面积公式是怎么来的？""我会推导公式，但我想学会如何灵活运用？"接下来的目的一目了然，学生的学习从要我学变成了我要学，学习热情和气氛高涨，一个个问题迎刃而解．

（4）帮助学生养成以提问来纠错的习惯．

教学中常有学生做错题或回答问题出错情况出现，遇到这种情况时，不要像以往那样由老师或学生直接指出错误出现的原因，而是让其他同学采用提问的方法，使他自己发现问题，改正错误．

具体做法：一位学生在学过三角形面积的计算公式后，遇到这样一道题：已知一个直角三角形的三边长分别为6厘米、8厘米、10厘米，求斜边上对应的高是多少．

他是这样解的：$6 \times 8 \div 2 = 24$（平方厘米），$24 \div 10 = 2.4$（厘米）．

- 211 -

老师让学生观察他的解法错在哪里. 这时有的同学问道:"三角形的面积公式是什么?""底×高÷2",那位学生回答道."知道面积公式,如何求高呀?""面积乘以2,再除以底""感谢你为我们提供了这么有价值的错误资源,让大家以后不会再犯此类错误,"这样就使做错题的同学加深了印象,明白了自己这道题错在哪里,也能看出提问的同学思考问题的整个思路. 有时学生在解题的过程中能产生很好的问题情境,利用这些情境使学生提出问题,训练学生对问题的敏感性是一种很好的教学方法.

(5) 重视评价,发展学生创新能力的研究.

心理学告诉我们:一个人只要体验一次成功的喜悦,便会激起无休止的追求意念和力量."一个孩子如果从未品尝过学习、劳动的欢乐,从未体验克服困难的骄傲……这是他们的不幸". 因此,教师在教学中要善于运用评价机制,对学生的质疑能力做出肯定的评价,鼓励学生质疑. 每一个学生无不渴望得到老师的重视、肯定和鼓励,小学生总是朝着教师鼓励的方向发展.

2. 利用课堂外的有利时机对学生的有效质疑提问能力进行培养.

要培养学生在数学学习过程中的问题意识和质疑能力,教师必须抓住课堂外的一切时机来培养.

(1) 必须让学生积极开展"记数学日记"活动.

"数学源于现实,扎根于现实". 新的课程标准也明确指出:"数学教学,要紧密联系学生的生活实际,使学生感受数学与现实生活的密切联系."因此,在教学中,要注意将问题与生活实际相联系,给学生创设"问"的契机,调动起学生学习的积极性,使学生很自然地进入到探究知识的氛围中. 而观察是知觉的高级形式,它是一种有目的、有计划、比较持久的知觉,是"思维的知觉". 由此可教学生学会观察日常生活中的事物,这是促使学生发现生活中数学问题的有效途径. 在课外,我们要求学生对观察到的事物,不但要看到"它是什么样的",而且要提出"它为什么会这样",并做好观察后的整理与记录. 我们要引导学生从数学的角度观察生活,发现问题,在假期里开展记"数学日记"活动.

（2）开展班级小课题研究活动.

结合每学期的学习内容，让学生就感兴趣的内容提出新的问题，从而进行更深入的研究，并以 ppt 的形式利用数学早读时间进行展示. 此活动的开展，激发了学生的学习兴趣，也使学生对知识有了更深入的了解，开阔了学生的视野，拓展了学生的数学思维.

（二）研究方法的主要特色与创新

通过数学课堂有效质疑提问的策略与实践研究，提高了学生的学习能力，促进了教师的专业成长.

1. **学生方面**.

（1）提高了学习兴趣. 学生喜欢问、喜欢研究，大多数学生从开始的要我学变成了我要学.

（2）学习效果得到了明显提高. 无论是平时的课堂，还是公开课，学生们敢说了、能说了、会说了，单元测试及年级竞赛成绩等得到了明显提升.

（3）数学思维能力得到了明显提升. 如能解答综合练习、能进行公式的推导等.

（4）创新能力得到了提升. 如能发现生活中的数学问题等.

（5）学会了学习. 如能发现问题、提出问题、分析问题和解决问题.

2. **教师方面**.

教师在培养学生课堂有效质疑提问能力的同时，也做了相关的记录，并进行了分析，这使得教师在以后的课堂教学中更有针对性. 课题组教师在课堂教学中大胆实践，充分尝试课堂有效质疑提问的策略，取得了很好的效果，课题组教师在不断的自我反思中，促进了专业成长，更新了观念，同时也促进了教师的个人成长.

（三）成果的社会影响

通过本课题的研究，产生了如下实践成果：

课题研究教学论文 20 篇.

课题研讨课教学设计及教学反思 35 篇.

教学案例 15 篇.

课题研究青年教师基本功比赛 2 次.

"数学课堂有效质疑提问的策略与实践研究"课题结题报告一篇.

学生质疑能力现状前期和后期调查问卷表各一份.

总之,通过课题组教师两年多的努力研究和全校数学教师三年的课堂实践,教师的教育观念发生了重大转变,从单纯的知识传授变成了课堂教学的组织者、引导者、促进者,创造出一种民主和谐的教学景观.通过研究,我们已初步探讨出数学课堂有效质疑提问的策略,并使学生具有了一定的有效质疑提问的能力,同时增强了学生学习数学的兴趣,发展了学生的问题意识,使学生树立了"我能学好数学"的信心,从而使学生终身受益.另外,通过研究进一步完善了教师的教育观念,并以此来指导数学常规教学,提高了教学效率.

(四)研究中存在的问题

1. 资料要及时搜集和整理.

2. 对于课题报告里总结出来的策略,要进一步落实在课堂教学中,以增强课堂教学效果,提高学生的学习能力.

3. 进一步与家长联系,让家长也参与到课题的研究中来,以便家校合力共同提高学生的数学课堂有效质疑提问能力.

(五)今后的研究设想

当然,经过两年的研究、三年的课堂实践推广,我们取得了一些收获,但研究还有待继续深入.我们课题组将继续努力,通过实践和探索,更进一步解读课标理念,吸取精髓,为教育事业的发展做出应用的贡献.

"推进课堂教学公平实验研究"研究报告

一、研究的基本观点和主要结论

(一) 课题的核心概念界定

在语义学上,公平指的是"处理事情合情合理,不偏袒哪一方面".在伦理学范畴,公平体现了一种价值判断,主要指伦理人格的平等性.在社会政治领域,公平主要体现为政治权利的平等性.在经济学范畴,公平指利益分配的合理性.总体来说,公平是指人格的平等性、资源分配的公平性以及对人的评判的公正性.在每一个社会组织内,领导者都应当协调统一好各个方面的关系,努力消除不公平、不合理的现象,使每一个人拥有公平感,从而有效地开展工作,充分调动成员的积极性.课堂本身就是一个"小社会",学生在课堂中亲历着生活,体现了由服从、沉默、反抗、竞争、合作、展示、回避、成功、失败等带来的种种酸甜苦辣、喜怒哀乐.

所谓课堂公平,就是打破课堂中存在的权力机制,消解教师对学生拥有的分配权力、绝对权威以及学生是教师的依附等传统观念,并基于公正、公平的价值观,创造条件建立课堂民主,即教师在课堂教学过程中平等地对待每一位学生,公平合理地评价每一位学生,使每一位学生公平地享受课堂资源.

通常意义上的教育公平有三层含义:一是入学机会公平,即起点公平;二是教育过程公平;三是教育结果公平.为了保证教育公平,近年来,政府部门治理教育乱收费现象,加大资助力度,推行"两免一补",让孩子们上得起学;同时改善各类学校办学条件,缩小校际差距,全面提高教育质量,让孩子们都能上好学,体现了教育的起点公平；而课堂公平则反映教育的过程公平．无论是让学生上学不用担心学费的问题，还是让孩子们进入更均衡更优质的高校，他们都最终走进课堂．如果说政府部门的各项举措是在为教育公平培元固本，那么教育工作者要做的就是为它施肥浇水，剪枝驱虫，最终让教育公平之花在课堂上绽放．

（二）课题研究的基本观点和主要结论

党的十七大提出："优先发展教育，建设人力资源强国．"同时指出："教育是民族振兴的基石，教育公平是社会公平的基础．"教育公平问题受到了社会的极大关注．这不仅因为作为重要社会事业的教育公平是社会公平的基础，而社会公平又集中体现为教育公平，还因为，无论普及教育还是改善教育，其实都是为了促进教育的公平．学生受教育的主要场所在课堂，学生的学业成绩、人格发展等差异在很大程度上主要取决于课堂经历的差异．因此，要真正实现教育公平，就必须关注课堂公平，通过变革课堂实践来建构公平的课堂．

我县是实施中英西南基础教育项目的一个县．中英西南基础教育项目是一个促进教育公平的国际项目．通过几年来的项目培训，直接受益群体是处于偏远地区的儿童，这一项目帮助他们获得公平的入学机会和公平的教育质量．实现这一目标的过程实际上是教育公平主流化的一个过程，可通过教师、校长及教育行政人员的培训、机构建设和能力成长等多方面来共同实施．我校全体教师在培训中受益颇多，理解特别深刻，对推进课堂教学教育公平实验研究会更加深入和具体化．

通过课题研究，我们发现，要促进教学公平，使学生在最大程度上得到发展，必须做到：

1. 改变教师的教学心理．教师的教学心理是受教师的教学理念影响的，课堂上出现诸多不公平现象，究其原因是教师教学理念出现了问题．

2. 塑造健康阳光的教师形象．老师的言谈举止，举手投足，都会给学生树立一个榜样，给学生传递一种公正公平的信息．尤其是眼神，学生上课开小差，教师通过目光注视能让其集中注意力；找个别学生谈话时，要随时注意观察学生表情的变化，等等．

3. 倡导平等的课堂交流互动．在课堂上，教师要着力打造良好的师生间的教与学关系，要尊重每一个学生的表达方式及表达的内容，不要轻率地否定学生的想法和建议；要鼓励学生自主学习，分层布置作业，采用多种小组合作模式，根据学生的需要补充教学内容，给学生均等的挑战性学习的机会．合理设计学生的座次，减少学生因为座次造成的与教师之间的距离感．让每个学生都有参与交流的机会，减少课堂中的"看客"，压缩课堂中的"死角"．例如：2013年4月19日下午，我们课题组成员李莉老师送教下乡到黄都中心完小．在整堂课上，李老师紧紧围绕"课堂教学公平"，设置了不同层次的问题，关注了全体学生，使学生人人都参与了课堂教学，并在轻松自在的学习氛围中，提高了学习能力，这是一堂实实在在的语文课．这节课得到了黄都中心完小的全体教师和县教科局领导的好评．我们坚信，对课题"推进课堂教学公平实验研究"的探索与推广，将使我们的教学水平上一个新台阶．

通过本次课题研究得出以下结论：

1. 树立公平的学生观．

主体性教育得以产生和进行的前提是尊重他人，把对方当作一个与自己完全平等的人来对待．教师和学生虽然在知识、能力等方面存在差异，但并没有尊卑、上下之分，他们在人格上是独立的、平等的，每一个学生都有自己丰富的内心世界、独特的个性特征和行为方式，都需要教师的理解和尊重．教育活动是一种教育主体之间在相互理解、相互尊重、相互信任和平等相处基础上进行的对话、交流和沟通的过程，是一种最能体现"我—你"关系的社会活动．在这种"我—你"关系中，体现了我对"你"的尊重．每个人对于另一个人说来，始终是一个主体，双方要全心全意地投入到教育交往实践之中，同时又保持着各自的独立性．

2. 反思师生关系的不平等现象.

首先，教师尝试从学生的角度体验课堂教学．如果教师理解了自己的行为对学生具有的意义，就能够更好地修正行为，进而达到师生之间的平等、合作关系，创造民主的课堂氛围．其次，教师可通过对话交流的方式，来突出和尊重每个人的生命存在价值的平等性和个体的差异性，了解学生头脑里的想法，善于倾听学生的意见，理解学生的感受，反思师生交往的关系．最后，教学本质上是对话、交流和知识创新的活动，这样师生之间不再是命令和服从、教授和接受的关系，而应该是平等的交流关系，这将使双方互相信任、真诚交往，共同探索真理、交流人生体验．

3. 建立新型的师生关系.

新型的师生关系有这样几个特征：一是包容，即师生间的相互理解和接纳，不是你同化我或我同化你，而是在交往中相互理解、相互尊重并维护各自的独立性和完整性．包容更指宽容，主要是教师对学生的宽容．真正的宽容不仅体现在对学生考试分数的轻看上、对学生一时失败的宽恕谅解的态度上，还应体现在对人性固有的弱点，如软弱、愚蠢、庸俗等的容忍上．雨果曾说过："世界上最浩瀚的是海洋，比海洋更浩瀚的是天空，比天空更浩瀚的是人的心胸．"作为教师，更应有宽广的胸怀，宽厚的慈爱之心．二是"共享"，教师和学生都是学校教学和学校生活中的主体，都应积极参与和投入到学校的教学过程和生活中去．在"对话"教学模式下，教师走下"讲台"与学生相遇，使师生在民主平等的氛围中，围绕既符合教学任务又同为师生感兴趣的问题展开畅所欲言的平等对话和信息交流．教师把学生当成有尊严的独立个体来看待，以平等友好的姿势走进学生中间，并推心置腹地与之交往，在共同的教育活动中摄取双方创造的经验和智慧．

4. 公正地评价每一位学生.

解决课堂教学中对学生评价的不公正现象，教师主要应从以下几个方面进行反思：首先，要求教师对自己作为学习者时的经历予以反思，回忆自己学习经历中受到不公正待遇时的感受、情绪以及对后来人生发展的影响，进而产生同情和共鸣．其次，反思自己的评价观念，摒弃"完人逻辑"，避免对学生高标准、严要求式的理想主义评价．同时，学生是发展中的人，应该用发展的眼光评价学生在特定情境中的表现，避免给学生下结论式的评价．最后，在课堂教学中，反思是否只出现了教师评价的声音．对任何事物都要采取多方位评价，以免出现片面性．也只有把教师评价、学生评价和自我评价结合起来，才能达到教学过程中对学生的相对公平、公正、综合性的评价．

5. 探索教育教学艺术，促进课堂教学评价公平．

在课堂教学中，学生对老师的评价非常敏感，常常导致其情绪和态度的波动，有效的评价可以激发学生的学习兴趣，不恰当的评价可以降低学生学习的热情，甚至影响学生今后的发展．因此，教师应该全面、综合、公正地评价每一位学生的品行和成绩．

二、研究方法的主要特色与创新

课题研究始终遵循理论联系实际、求真务实的原则，并综合运用如下方法：

1. 文献研究法：查阅国内外有关文献，了解和掌握与本课题相关的研究动向，供借鉴．

2. 行动研究法：在研究中，根据学生在课堂教学中的具体情况，对所发生的相关教育公平的现象进行分析和研究，从中寻找问题所在，提出合理改革意见或方案，调整研究计划和目标，使研究者在不断调整的过程中得到启示．

3. 调查研究法：在课题实施过程中，调查学生在课堂教学中的教育公平情况，及时帮助教师调整教学策略．

4. 经验总结法：课题组成员注意整理在研究实践中的有关资料，不断总结经验，改进实验措施．课题组成员对课堂进行过程检测，结论检测；对课题的资料、录像、案例进行检测；对工作成绩进行评估，推广运用成功的经验．

5. 其他研究法：教无定法，贵在得法．

三、研究的突破性进展及社会影响

从课题研究开始到现在，课题组全体成员进行了积极探索、潜心研究、大胆实践和勇于创新，同时对课题研究的经验、成果进行了积累积淀．

首先，在课题研究中每位老师都领悟了教学公平的含义，准确地理解了教学中公平的重大意义．建构公平课堂的首要任务是转变课堂教学观念，即摒弃传统的课堂教育理念，树立素质教育、大众教育和学生价值本位的教育理念．素质教育的课堂教学观把学生作为特殊存在的个体，使其所具有的个性和共性平衡发展，强调素质提高是学生主动的获得过程，是学生的身心不断发展、内化和提升的过程．大众教育的课堂教学观认为，课堂是面向全体学生的，而非部分"精英"学生的，课堂教学的目的在于使每一位学生通过课堂学习都能在自己的"最近发展区"获得最优的发展．学生价值本位的课堂教学观主张："学生个体价值=社会价值"，课堂教学既要尊重社会在学生发展方面的价值取向，同时更应该尊重学生自身的价值取向，尊重学生内在的各种发展可能，为学生的可能发展转化成现实的发展提供相应的条件．

其次，在对待不同层次的学生时，要有公平的态度，要尊重每一位学生的差异性，使每一位学生都能在最大程度上得到发展．

老师在课题研究期间，不仅展示了课题研究的丰硕成果，同时也取得了良好的社会效益．

四、研究中存在的不足及今后的研究设想

1. 在研究问题的界定方面，课堂教学公平的概念界定模糊，多借助于教育公平的概念．

2. 在研究内容方面，过多地强调对弱势群体的宏观描述研究，较少涉及对全体学生的宏观的和优秀学生群体的公平性研究；主要集中

在学生的成绩发展方面，较少涉及学生的情感体验.

3. 现有的研究多是理论层面的分析，采用的是宏观描述的、经验分析的方法，较少涉及定量研究.

4. 课题组成员、实验教师的参与意识、参与程度差异较大.

"推进课堂教学公平实验研究"课题研究已告一段落，本次研究，无论是从学生的角度，还是从老师的角度，都取得了一定的成绩，它对我校乃至全县的教育教学都起到了带头、榜样的作用，在全县的老百姓心里也有一定的影响. 这当然是对我们课题组全体成员这一段时间以来工作的一个肯定和赞许. 但是，在课题研究过程中还有诸多不足之处，这有待日后全体课题组研究成员乃至全体教师们努力改进，并不断积累经验，以使每一位孩子都能在最大程度上得到发展.